LAVA JATO

UMA CONSPIRAÇÃO CONTRA O BRASIL

Milton Alves

Prefácio de Gleisi Hoffmann

KOTTER EDITORIAL

Coordenação editorial: Sálvio Nienkötter
Editor-executivo: Raul K. Souza
Editores assistentes: Daniel Osiecki e Francieli Cunico
Capa e design editorial: Carlos Garcia Fernandes
Produção: Cristiane Nienkötter
Preparação de originais: o Autor

Todas as fotos retiradas so site fotospublicas.com:
Capa 1: Pedro de Oliveira/ALEP
Capa 2: Edu Guimarães
Capa 3: Vinicius Loures
Capa 4: fotospublicas.com

Dados Internacionais de Catalogação na Publicação (CIP)
Angelica Ilacqua CRB-8/7057

Alves, Milton
Lava Jato : uma conspiração contra o Brasil / Milton Alves. -- Curitiba : Kotter Editorial, 2021.
128 p.

ISBN 978-65-89624-23-3

1. Brasil - Política e governo - História 2. Silva, Luíz Inácio Lula da, 1945- 3. Corrupção política - Brasil 4. Investigação criminal I. Título

CDD 320.0981

21-1172

KOTTER EDITORIAL

Kotter Editorial Ltda.
Rua das Cerejeiras, 194
CEP: 82700-510 - Curitiba - PR
Tel. + 55(41) 3585-5161
www.kotter.com.br | contato@kotter.com.br

Feito o depósito legal
1ª Edição
2021

LAVA JATO

UMA CONSPIRAÇÃO CONTRA O BRASIL

Milton Alves

Prefácio de Gleisi Hoffmann

SUMÁRIO

Prefácio

Não há meia suspeição de Moro nem pode haver meia justiça para Lula

Gleisi Hoffmann*

A chamada operação Spoofing, aberta a pedido do então Ministro da Justiça de Bolsonaro, Sérgio Moro, para investigar a invasão dos celulares de integrantes da Força Tarefa da Lava Jato, foi a pá de cal para provar o conluio entre ele e os procuradores da força-tarefa para condenar e prender o ex-presidente Lula e também um tiro no pé do ex-juiz. Depois de mais de seis anos, a operação, vendida como a maior operação anticorrupção do mundo, que determinou os rumos do país e levou à eleição do pior presidente da República que o Brasil já teve, foi encerrada formalmente.

Diante de tantas provas irrefutáveis, a suspeição de Moro, rigorosamente descrita no habeas corpus apresentado pelos advogados do ex-presidente em 2018 e acrescida em outras petições da defesa, está em julgamento pelo Supremo Tribunal Federal (STF).

Não há meia suspeição de Moro nem pode haver meia justiça para Lula. Uma parte dela já foi feita quando o ministro Edson Fachin considerou anulados todos os processos contra Lula, reconhecendo a ilegalidade que o ex-presidente sempre denunciou.

É a correção de rumo para retomar o Estado Democrático de Direito, escancarando a ilegalidade na origem das ações e confirmando que os processos contra Lula jamais poderiam ser julgados na Justiça Federal do Paraná, sob a coordenação do ex-juiz Sergio Moro. Aliás, a própria sentença do ex-ministro de Bolsonaro, na ação do triplex, já dizia isto: não havia a ligação de Lula com nenhum ilícito da Petrobras.

O principal mérito da decisão foi reconhecer os direitos políticos plenos e a cidadania de Lula. São os direitos que lhe foram roubados. Nada pagará a injustiça contra Lula, mas isso estabelece um divisor de águas, dessas águas turvas da injustiça e da perseguição, dando-nos condições para atingirmos aquilo que Lula sempre pediu: ter direito a um julgamento justo.

Mas, a justiça só está começando. O próximo passo é a penalização de Sergio Moro, que comandou a Lava Jato desde antes da apresentação das denúncias que ele viria a instruir e julgar com o objetivo previamente traçado de condenar Lula e excluí-lo do processo eleitoral. Tratou o acusado como inimigo pessoal e político. É isso que a lei define como suspeição e falta de imparcialidade de um juiz, e que vem a somar-se ao imenso rol de ilegalidades cometidas por ele e pelos procuradores para cercear a defesa, forjar provas e manipular a opinião pública contra seu alvo, com a indispensável cumplicidade da mídia.

A parcialidade de Moro contaminou todas as ações da Lava Jato contra Lula, sem exceção. Desde as manobras e chantagens, até mesmo contra ministros de tribunais superiores, para usurpar a competência sobre investigações que não eram da Vara Federal de Curitiba, até o balcão de compra e venda de delações direcionadas unicamente a condenar Lula. As digitais do ex-juiz estão nas escutas ilegais, de advogados e até da presidenta Dilma, nas prisões arbitrárias, nas apreensões ilegais e até na sentença da juíza que o substituiu; na conveniente cegueira dos que confirmaram suas sentenças.

Vai demorar ainda para que toda a verdade venha a ser reconhecida e conhecida pelo conjunto do país. A mentira custou a Lula 580 dias de prisão ilegal, que nenhum editorial poderá apagar. E custou ao Brasil um dano incalculável, que está sendo cobrado especialmente de milhões de desempregados e famílias destruídas por um governo de destruição nacional, o verdadeiro produto da Lava Jato e dos que sustentaram esta farsa.

A reconstrução do país, da credibilidade do Judiciário e da esperança no futuro começa, necessariamente, pela anulação dos processos contra Lula que estão na raiz da tragédia brasileira. Todos, sem exceção.

**Presidenta do Partido dos Trabalhadores (PT) e deputada federal*

O legado nefasto da Lava Jato

A Lava Jato, com o desmonte da operação, demanda um rigoroso balanço de seu legado. Nos últimos dias, o debate veio à tona provocado pelas revelações das conversas entre Sérgio Moro, o coordenador da força-tarefa Deltan Dallagnol e demais integrantes do grupo de procuradores. Revelações chocantes de mensagens que mostram a face oculta de uma operação marcada por numerosos atos de ilegalidades, crimes e farsas judiciais monstruosas.

Ao traçarmos uma linha do tempo da operação iniciada em março de 2014, é inevitável a constatação de que a Lava Jato contribuiu de forma decisiva para a subversão da institucionalidade pactuada na *Assembleia Nacional Constituinte* de 1988, praticando um modelo importado de justiça, de caráter punitivista, autoritário, de exceção – violando todas as regras consagradas no chamado estado de direito.

Uma avaliação mais geral do contexto do surgimento da operação Lava Jato aponta para uma ação sintonizada com a política implementada pelo Departamento de Estado (DoS) norte-americano: Após o colapso soviético e o fim das guerrilhas marxistas em El Salvador e Guatemala, os Estados Unidos iniciaram na América Latina e Caribe a "guerra contra as drogas", uma operação de interferência direta nos países da região.

Em um novo giro na política imperialista, depois da chamada "guerra contra o terror" dos anos 2000, a agenda de combate à corrupção também pautou as ações do Departamento de Estado e demais agências norte-americanas de inteligência e espionagem, um instrumento a serviço da desestabilização de governos democráticos e progressistas do continente. Brasil, Equador, Argentina e Peru, em graus diferenciados, foram os alvos de campanhas "anticorrupção", com o estímulo, suporte e participação direta de agências estadunidenses.

Portanto, um dos maiores crimes praticados no curso da operação Lava Jato foi a colaboração clandestina com agências e autoridades dos EUA e da Suíça, uma grave lesão aos interesses do país que precisa ser devidamente apurada.

Os danos institucionais, econômicos e sociais gerados pela Lava Jato devem ser examinados cuidadosamente pela lupa do Supremo Tribunal Federal (STF), do Congresso Nacional, PGR, Conselho Nacional de Justiça (CNJ) e pelo próprio Ministério Público Federal, definindo os crimes e a responsabilização dos envolvidos.

Um legado nefasto

Órgãos da mídia corporativa – TV Globo e Folha de São Paulo – tentaram neste fim de semana relativizar os impactos negativos da Lava Jato. O esforço da mídia pró-Lava Jato é apresentar os crimes como simples desvios da "rota positiva" da operação no combate à corrupção no interior do estado brasileiro. Segundo os orfãos da Lava Jato, a experiência foi positiva e que um balanço da operação não pode abrir caminho para a volta da impunidade dos agentes públicos. Ou seja, o mesmo discurso favorável ao lavajatismo, reciclado por um tom mais defensivo diante das montanhas de terabytes, que revelam os métodos criminosos do ex-juiz Sérgio Moro e de Deltan Dallagnol.

Além disso, é impossível não estabelecer o nexo entre Operação Lava Jato e a vitória eleitoral do protofascista e genocida Jair Bolsonaro, que conduz um governo de tipo militarizado. O lavajatismo foi o estuário em que a extrema direita navegou, com muita demagogia e o apoio da imprensa dominante, o que facilitou a chegada de Bolsonaro ao comando do governo federal.

Os métodos da Lava Jato desembocaram na criminalização dos partidos e de lideranças políticas, que teve como maior expressão a campanha inédita de *lawfare* contra um líder político brasileiro – o ex-presidente Lula –, condenado e preso sem provas por 580 dias. O encarceramento "preventivo" de executivos de empresas privadas e públicas, as delações forjadas, as conduções coercitivas ilegais, as prisões filmadas, os vazamentos seletivos para a Rede Globo, a falsificação de documentos e a espionagem de advogados de defesa dos acusados foram alguns dos mecanismos criminosos utilizados pela operação.

A Lava Jato também legou um enorme passivo na economia do país. Sob o pretexto do combate à corrupção, provocou a implosão de setores inteiros da economia nacional, afetando a indústria da construção civil e de infraestrutura pesada, a indústria naval, o setor químico e a cadeia produtiva de petróleo e gás.

Segundo estudo do Corecon [Conselho Regional de Economia do Rio de Janeiro] a Lava Jato foi um fator importante no agravamento do quadro de recessão na economia entre os anos de 2015 a 2018 e foi a responsável pela queda de até 85% do faturamento das construtoras brasileiras, o que acabou gerando a perda de milhares de empregos diretos e indiretos em todo o país.

Hora de decisão no STF

A expectativa nos próximos dias se volta para o julgamento no STF do habeas corpus que pede a anulação dos processos contra o ex-presidente Lula julgados por Sérgio Moro. A presidente do Partido dos Trabalhadores (PT), deputada Gleisi Hoffmann, vai ao ponto quando faz a denúncia da parcialidade de Moro contra Lula em todas as ações da Lava Jato. "Moro comandou a Lava Jato desde antes da apresentação das denúncias que ele viria a instruir e julgar com o objetivo previamente traçado de condenar Lula e excluí-lo do processo eleitoral. Tratou o acusado como inimigo pessoal e político. É isso que a lei define como suspeição e falta de imparcialidade de um juiz, e que vem a somar-se ao imenso rol de ilegalidades cometidas por ele e pelos procuradores para cercear a defesa, forjar provas e manipular a opinião pública contra seu alvo, com a indispensável cumplicidade da mídia", disse a dirigente petista.

Novamente uma decisão judicial envolvendo Lula pode determinar os caminhos políticos do duro embate em curso entre as forças conservadoras – neoliberais e golpistas – e o campo da esquerda e dos trabalhadores.

O fim da proscrição política de Lula é uma exigência democrática, assim como a anulação de todos os processos conduzidos no âmbito da Lava Jato, com a soltura de todos os presos e a punição de Sérgio Moro, Deltan Dallagnol e dos integrantes do MPF que atuaram na criminosa força-tarefa.

01/03/2021

O 'esquadrão da morte' de Curitiba

O ministro do Supremo Tribunal Federal (STF) Gilmar Mendes comparou nesta semana a atuação da força-tarefa de Curitiba da Operação Lava Jato com um "esquadrão da morte". "Todos nós de alguma forma sofremos uma manipulação disso que operava em Curitiba. Acho que temos que fazer as correções devidas, tenho dito e enfatizado que Lula é digno de um julgamento justo. Independentemente disso, temos que fazer consertos, reparos, para que isso não mais se repita, não se monte mais esse tipo de esquadrão da morte. Porque o que se instalou em Curitiba era um grupo de esquadrão da morte, totalmente fora dos parâmetros legais", afirmou Gilmar em entrevista concedida ao jornalista Tales Farias do Uol.

As declarações do ministro Gilmar Mendes apontam no sentido do crescente repúdio e isolamento do ex-juiz Sérgio Moro e dos procuradores da força-tarefa de Curitiba, que operavam fora da lei – praticando toda sorte de crimes e atropelos.

As constatações de Gilmar, no entanto, exigem um exame crítico sobre a própria atuação da Corte Suprema e dos demais órgãos superiores de controle – Procuradoria Geral da República (PGR), Conselho Nacional de Justiça (CNJ), Conselho Nacional do Ministério Público, e outras autoridades -, que encorajaram a ação criminosa da Lava Jato e passaram o pano para as suas numerosas ilegalidades nos últimos anos.

As revelações dos diálogos contidos nos áudios da chamada operação "Spoofing", que foi uma investigação aberta a pedido do então ministro da Justiça Sérgio Moro, feriu de morte a reputação da Lava Jato, causando uma exigência pelo fim da força-tarefa sediada em Curitiba e, ao mesmo tempo, apontou para uma cadeia de crimes e violações praticadas no âmbito da atuação da equipe coordenada por Deltan Dallagnol.

A decisão da Segunda Turma do STF, que permitiu o acesso dos advogados de Lula aos conteúdos das conversas entre o grupo de procuradores de Curitiba e Moro, confirmou, além da utilização de recursos e artimanhas ilegais contra o ex-presidente, um inegável viés político na condenação do líder petista. A Lava Jato funcionou, na prática, como uma facção política, selecionando os alvos a serem abatidos, orquestrando campanhas de denúncias e mobilizando a opinião pública, com a ajuda inestimável dos maiores grupos de mídia do país.

Não há mais dúvidas e, dia após dia, as novas revelações geram mais indignação por conta da farsa montada em Curitiba, auxiliada por organismos estrangeiros como o FBI (a Polícia Federal dos EUA), o Departamento de Justiça norte-americano e o Ministério Público suiço. Tudo é muito grave. Na mesma entrevista ao Uol, Gilmar Mendes indicou ao Congresso Nacional a necessidade de um debate sobre a reforma das competências e limites do Ministério Público. É preciso, sem dúvida, avançar nessa direção e pautar o assunto no parlamento.

O Lavajatismo não é uma doença infantil.

O ministro Edson Fachin, "aquele do famoso aha uhu o Fachin é nosso!" de Deltan, tentou minimizar os crimes da Lava Jato, alegando que os excessos da operação foram resultados da tentativa de acertar. Segundo ele, a operação acumula "mais virtudes que defeito" e definiu ainda o lavajatismo como a "doença infantil da Lava Jato".

Fachin, um notório defensor dos métodos do lavajatismo, tenta mais uma vez embaralhar as cartas e fugir da inevitável responsabilização sobre os crimes da operação, que promoveu a mais ampla e sistemática violação da legalidade democrática e demonizou partidos e lideranças políticas – como é o caso do ex-presidente de Lula – vítima de uma ação de *lawfare* sem precedentes no país.

A expectativa, após o Carnaval, é de que a 2ª Turma do STF promova o julgamento da suspeição do ex-juiz Sérgio Moro, o que pode anular a condenação do ex-presidente Lula no caso tríplex do Guarujá (SP), restando ainda a bizarra e farsesca condenação no processo "Ctrl + C, Ctrl+V" do Sítio de Atibaia (SP).

O desmonte completo da Lava Jato, com a punição de Deltan e Moro, e a anulação de todas as condenações forjadas contra Lula formam um único e mesmo processo de retomada do curso democrático. Afinal, como disse o próprio Gilmar Mendes, a "Lava Jato é a mãe e o pai do bolsonarismo". Ou seja, o lavajatismo favoreceu a conquista do governo federal pela extrema direita, capitaneada por Jair Bolsonaro.

Portanto, a atual batalha política contra o lavajatismo demanda a imediata recuperação dos plenos direitos políticos do ex-presidente Lula, que foi o alvo central de toda a tramoia judicial da Lava Jato – instrumento utilizado pelas classes dominantes e o imperialismo para brecar um processo reformista e democrático iniciado com a vitória do Partido dos Trabalhadores (PT) nas eleições presidenciais de 2002.

14/02/2021

STF e os crimes da Lava Jato contra Lula: Hora de decisão

O ex-presidente Luiz Inácio Lula da Silva é o alvo de uma odiosa e insustentável tramoia judicial – orquestrada pela chamada operação Lava Jato e conduzida, na prática, pelo então juiz Sérgio Moro, que agia em conluio com agências e autoridades norte-americanas e suíças, atropelando as leis do país.

Nos últimos dias, à luz de novas revelações, setores políticos e jurídicos debatem a situação de Lula, que aguarda uma decisão do Supremo Tribunal Federal (STF) sobre a anulação das sentenças impostas pelo ex-juiz federal Sérgio Moro, marcadas por inúmeras e graves violações à Constituição Federal, o que abalou profundamente a legalidade democrática no país.

As gravações da Operação Spoofing, divulgadas pela imprensa, revelam a extensão da fraude jurídica operada por Sergio Moro e pelo coordenador da Lava Jato, Deltan Dallagnol. As conversas e combinações buscavam acertar os mecanismos e um *modus operandi* para forjar a condenação de Lula.

O maior crime da operação Lava Jato foi a subversão da legalidade e das garantias democráticas asseguradas pelo pacto constitucional de 1988. A Lava Jato foi uma espécie de "cavalo de troia" do golpismo, favorecendo a emergência de uma campanha demagógica de criminalização da política, em especial do Partido dos Trabalhadores (PT). O lavajatismo foi um dos fatores que possibilitou o ascenso do fenômeno político da extrema direita bolsonarista ao governo federal.

A ação nefasta da Lava Jato, além de condenar e prender o ex-presidente Lula de forma injusta, foi a responsável também pela devastação de setores inteiros da economia nacional – da cadeia produtiva de petróleo e gás, da construção civil e de infraestrutura pesada, indústria naval, entre outros. Ou seja, a Lava Jato gerou um enorme custo político-institucional e um passivo na economia, com a quebradeira de empresas e o desemprego de milhares de trabalhadores.

Batalha política e reparação

Após importantes vitórias jurídicas no âmbito da Segunda Turma do STF nos últimos meses, o ex-presidente Lula ainda espera o julgamento do habeas corpus sobre a suspeição do então juiz Sérgio Moro – uma decisão que pode anular todos os processos dirigidos por ele contra o líder petista.

Em torno desse futuro julgamento no STF, forças poderosas moverão os seus esforços para impedir uma decisão que favoreça Lula e garanta a volta de seus direitos políticos. É preciso, mais uma vez, evitar ilusões desnecessárias nos tribunais superiores. Apesar do desgaste crescente do lavajatismo, setores conservadores e reacionários querem novamente impedir o protagonismo de Lula na cena política e eleitoral.

A extinção completa da Lava Jato, com a punição de Moro e Dallagnol, e a recuperação dos direitos políticos plenos de Lula são demandas concretas para abrir um processo de retomada da democracia, o que implica na necessidade da convocação de uma *Assembleia Nacional Constituinte*, no bojo da vitória de um governo das forças populares e de esquerda.

Portanto, a batalha pelo fim da proscrição política de Lula está inserida no combate de fundo contra o projeto neoliberal das classes dominantes e do imperialismo operado pelo governo genocida de Bolsonaro.

08/02/2021

Fim da proscrição política de Lula é uma exigência democrática

O ex-presidente Luiz Inácio Lula da Silva é alvo de odiosa proscrição política: Durante anos, Lula enfrenta uma orquestrada e sem precedentes operação de *lawfare* conduzida pela chamada operação Lava Jato. Além disso, na mídia a serviço dos poderosos, segue uma permanente campanha contra a imagem e o legado político do maior líder popular do país.

Nos últimos dias, setores políticos e jurídicos debatem a situação de Lula, que aguarda uma decisão do Supremo Tribunal Federal (STF) sobre a anulação das sentenças impostas pelo ex-juiz federal Sérgio Moro, marcadas por inúmeras ilegalidades numa afronta à Constituição Federal e à democracia. "Anular a sentença injusta de Moro contra Lula é imprescindível para o Estado Democrático de Direito e palavra de ordem para quem luta pela democracia", tem argumentado a presidente do PT, a deputada Gleisi Hoffmann.

A série de artigos divulgados pelo *The Intercept Brasil*, em meados do ano passado, confirmou os elementos suficientes para anular todas as condenações forjadas pelos métodos da Lava Jato.

Após importantes vitórias jurídicas no âmbito da Segunda Turma do STF, o ex-presidente Lula ainda espera o julgamento do habeas corpus sobre a suspeição do então juiz Sérgio Moro no comando da Operação Lava Jato – uma decisão que pode anular todos os processos dirigidos por ele contra o petista.

Em torno desse futuro julgamento no STF, forças poderosas moverão os seus esforços para impedir uma decisão que favoreça Lula e garanta a recuperação de seus direitos políticos. É preciso, mais uma vez, evitar ilusões desnecessárias nos tribunais superiores, que estão no momento sob o fogo cerrado da polarização política e ideológica em curso no país.

Apesar do enfraquecimento crescente da Lava Jato e das contradições parciais do governo Bolsonaro com os "setores *lavajatistas*" do MPF, é importante levar em conta a existência objetiva de uma união sagrada de ambos contra Lula e o PT. Ou seja, a atual disputa de rumos no país será um fator presente no julgamento da Segunda Turma do STF – ainda sem uma data definida. Tudo indica que Lula terá pela frente uma nova e dura batalha política, jurídica e midiática.

O PT e seus aliados precisam promover urgentemente uma ampla e vigorosa jornada pela anulação das criminosas e ilegais sentenças contra Lula. As campanhas eleitorais do PT para as prefeituras também devem levantar a bandeira em defesa da recuperação dos direitos políticos do ex-presidente.

Portanto, a demanda pelo fim da proscrição política de Lula está inserida no combate de fundo contra o projeto neoliberal das classes dominantes e do imperialismo operado pelo desastroso governo de Bolsonaro.

08/09/2020

Rede Globo deve pedir perdão ao povo brasileiro

O artigo "É hora de perdoar o PT" do articulista Ascânio Seleme no jornal O Globo, neste sábado (11), apresenta argumentos em defesa da necessidade de um "pedido de perdão" ao Partido dos Trabalhadores. Segundo Seleme, o PT já foi punido com o impeachment da presidente Dilma Rousseff, em 2016, e castigado com a prisão de Lula e de outros destacados líderes da legenda.

O jornalista reconhece a força e relevância do partido quando diz: "Esse agrupamento político, talvez o mais forte e sustentável da história partidária brasileira, tem que ser readmitido no debate nacional. Passou da hora de os petistas serem reintegrados. Ninguém tem dúvida de que os malfeitos cometidos já foram amplamente punidos. O partido teve um ex-presidente e seu maior líder preso e uma presidente impedida de continuar governando".

Porém o articulista continua sustentando a narrativa da participação do PT no esquema que ele chama de "roubalheiras", com "desvios de dinheiro público nas gestões de Lula e Dilma". Ascânio ainda desenvolve um argumento de cínica benevolência quando afirma que o petismo não é o malufismo. Quanta consideração do Sr. Ascânio ao PT!

Ascânio mais adiante também afirma "que o ódio dirigido ao PT não faz mais sentido e precisa ser reconsiderado se o país quiser mesmo seguir o seu destino de nação soberana, democrática e tolerante".

O que articulista não diz que foi exatamente a Rede Globo a patrocinadora e condutora de uma violenta campanha de ódio contra um partido e uma governante eleita de forma legítima, após a derrota do então candidato preferido da família Marinho nas eleições presidenciais de 2014. A Rede Globo atuou como uma coluna avançada na ofensiva golpista contra a presidenta Dilma, estimulando os movimentos de rua e o golpe parlamentar – com um impeachment sem crime de responsabilidade.

A campanha da Globo pela destruição do PT foi mais além após a queda da presidenta Dilma. O alvo do grupo de comunicação da família Marinho passou a ser o ex-presidente Lula, que foi vítima de uma orquestrada e sem precedente ação de *lawfare*, o que culminou com a sua prisão em 2018 pela fraudulenta e criminosa operação Lava Jato.

Com Lula preso, o PT criminalizado pelo ex-juiz Sérgio Moro, os petistas demonizados, a Globo facilitou o caminho para a vitória de Jair Bolsonaro, inaugurando um período político de retrocesso democrático, de desmonte do estado nacional e de desastre econômico e sanitário no país.

É impossível avaliar o atual cenário político sem apontar as responsabilidades da Rede Globo com este quadro trágico em que o Brasil mergulhou. Globo, Lava Jato e o governo Bolsonaro integram um mesmo e único processo de contenção e esmagamento do projeto democrático e de inclusão social representado pelos governos petistas. Foi contra isso que o andar de cima se levantou com todo apoio da Rede Globo.

A Globo deve mais um pedido de perdão ao povo brasileiro. Será que vai demorar quarenta anos para reconhecer o novo erro? Tempo que levou para fazer a autocrítica pelo apoio dado ao golpe militar de 1964...

14/07/2020

Globo e grupos neofascistas lançam 'campanha presidencial' de Moro

O mesmo *modus operandi*, as mesmas fontes de financiamento, as mesmas digitais programáticas, que outrora impulsionaram a nascente campanha presidencial do então deputado federal Jair Bolsonaro em 2017-2018, convergem para estruturar um braço político para o ex-ministro da Justiça Sérgio Moro.

Trata-se de uma operação política que aposta as suas fichas no esboroamento do governo Bolsonaro e prepara a construção narrativa para consolidar o "herói" redentor que vai combater a corrupção dos políticos, o petismo, defender o liberalismo econômico e zelar pela segurança dos brasileiros – motes principais da pregação do ex-comandante da Lava Jato.

Movimentos e grupos como "Brasil Estou Aqui", "Laços de Apoio ao Brasil", "Lava Togas" e "Vem Pra Rua" constituem o núcleo inicial das tropas moristas, que enfrentam no momento uma guerra pelo espólio da narrativa que catapultou Bolsonaro à presidência da República.

Além dessa estrutura subterrânea, o "morismo' conta com os poderosos canhões de luz da Rede Globo, projetando Moro diariamente em seus telejornais. E também com uma vasta rede de apoio organizada nas diversas instâncias do aparelho judiciário e dos órgãos de controle, inclusive na Polícia Federal – foco inicial do rompimento com o governo de Bolsonaro.

Essa nascente "tropa de choque" de Moro não se fez de rogada e já mostrou neste sábado (2) que tem a disposição de brigar pela imagem de seu líder. Todos viram nas redes sociais as cenas de pugilato entre os apoiadores de Bolsonaro e de Moro na frente da sede da Polícia Federal no bairro da Santa Cândida, zona norte de Curitiba – local que testemunhou a saga da Vigília Lula Livre.

Neste feriado prolongado de 1º de maio, outdoors de apoio ao ex-ministro Sérgio Moro apareceram em diversas regiões de Curitiba, principalmente nos bairros da classe média alta curitibana como Jardim Social, Batel, Bigorrilho-Champagnat, Alto da XV, Mercês, Juvevê, Bom Retiro e Jardim América – sólidos redutos de apoio ao lavajatismo.

A operação Lava Jato, que foi uma espécie de "cavalo de troia" do golpismo, espargiu de seu ventre a crítica feroz e sistemática ao modelo político-partidário oriundo da redemocratização de 1988, responsabilizado por todas as mazelas do país, o que favoreceu a expansão de uma vasta corrente política de direita, neoliberal e, visceralmente, antipetista – e contra as teses de esquerda em geral – espalhada em diversas camadas da população, mais consolidada nas classes médias urbanas e rurais. Bolsonaro soube capitalizar essa onda política conservadora, engolindo a velha direita e derrotando nas urnas o petismo –, com Lula aprisionado e proscrito politicamente.

No momento, Moro enfrenta uma luta feroz contra o chamado "bolsonarismo raiz" e lança sinais em direção ao bloco político que reúne a direita tradicional, que ainda se encontra dividida quanto ao que fazer com Bolsonaro, hesitando em assumir os mecanismos legais e constitucionais para abreviar a nefasta existência do governo da extrema-direita.

A conjuntura, marcada pela polarização política e atravessada por uma crise econômica e sanitária sem precedentes, agravada mais ainda pela pandemia do coronavírus, abriu um novo período de forte turbulência e de extrema volatilidade, provocando um processo de decantação na extrema-direita e com impactos na velha direita. O rompimento de Moro é parte integrante desse processo em curso.

É necessário levar em conta o fator Moro. Subestimá-lo será repetir o erro grave que a direita tradicional e a esquerda cometeram quando defendiam a tese de que Bolsonaro seria derrotado por qualquer candidato em um eventual segundo turno nas eleições presidenciais de 2018.

04/05/2020

Uma farsa criminosa contra o PT e a democracia

Mais uma vez o Partido dos Trabalhadores (PT) é alvo de uma armação política do lavajatismo fascista que se incrustou no aparelho judicial e nos órgãos de controle do país. É mais uma tentativa de criminalizar o único partido com reais condições de alavancar a resistência popular contra o governo neoliberal e autoritário de Jair Bolsonaro.

A decisão do vice-procurador-geral eleitoral Renato Brill de Góes encaminhando o pedido de cancelamento do registro do Partido dos Trabalhadores junto à Justiça Eleitoral é uma farsa criminosa.

Trata-se de uma ação política contra o PT, inspirada e patrocinada pela operação Lava Jato. Uma decisão arbitrária e sem base real nos fatos. O pretexto alegado é que o PT recebeu recursos financeiros do exterior. Uma farsa! Uma tentativa canhestra para tentar calar a voz da oposição democrática e popular.

A ação do Ministério Público Eleitoral ocorre em plena pandemia de coronavírus e com o país mergulhado no caos político por um governo incapaz de apontar uma saída para a crise sanitária e econômica em curso.

A operação tramada pelo MP Eleitoral nos remete para os períodos de obscurantismo e de asfixia da democracia no Brasil. No ano de 1947, após uma farsa judicial, o PCB teve o seu registro cancelado, os mandatos de seus parlamentares cassados e as sedes e publicações do partido fechadas, excluindo os comunistas da atividade política legal e aberta por quase 40 anos. Em 1965, durante a ditadura militar, o Ato Institucional nº 2 decretou o fim dos partidos políticos oriundos do processo de democratização do pós-guerra e da *Assembleia Nacional Constituinte* de 1946.

Portanto, a ação tramada contra o PT, provocada por um obscuro parlamentar da extrema-direita, é um atentado à democracia e exige o mais firme repúdio de todas as forças políticas democráticas do Brasil. É mais um indício sério da deterioração crescente das instituições e do estado de direito no país. Como denunciou a presidente nacional do PT, Gleisi Hoffmann, a ação do "Ministério Público pode querer calar a voz da oposição, atendendo aos desejos do governo, só isso justifica a admissão de um pedido esdrúxulo e ilegal como este".

O PT, que nasceu no bojo da luta contra a ditadura e pelas liberdades democráticas, não vai se calar diante dessa nova e odiosa tentativa de proscrição política.

Neste sentido, é fundamental uma resposta organizada da direção partidária, da militância, e dos mandatos em defesa do PT e da democracia. Ninguém vai apagar a nossa estrela, que fique claro.

06/04/2020

No dia 27, um grande ato nacional por Lula livre em Curitiba

Domingo, 13, a Avenida Paulista foi palco de uma vibrante manifestação pela liberdade do ex-presidente Lula. Milhares de pessoas mobilizadas pela Campanha Lula Livre foram defender a liberdade do ex-presidente, a democracia e resistir ao desmonte neoliberal do governo Bolsonaro. Uma arrancada para novas e potentes manifestações de rua. No dia 27, o melhor presente para Lula é a realização de um grande ato nacional em Curitiba.

O "Ato Justiça para Lula" na Avenida Paulista foi a largada para a impulsionar a realização de novas manifestações de rua na campanha pela liberdade do ex-presidente Lula em todo país. Uma fase de mobilização que ganhe as ruas com atos de massas, unificando a bandeira pela libertação de Lula com a resistência ao governo neoliberal e obscurantista de Bolsonaro.

É preciso, é necessário, é possível, com a unidade do campo popular e democrático, dos partidos de esquerda, das frentes e dos movimentos sociais realizarmos uma grande manifestação em Curitiba, transformando o dia 27 de outubro no "dia do basta" contra a injustiça e a vilania da Lava Jato contra Lula e a democracia.

Um ato para estremecer a bastilha da Lava Jato na Santa Cândida, rompendo com as grades que aprisionam o nosso companheiro Lula. Uma vigorosa manifestação para declarar um basta aos crimes de Sergio Moro e Deltan Dallagnol, carrascos de Lula em Curitiba.

A Lava Jato só será derrotada definitivamente nas ruas, e a liberdade plena de Lula assegurada, com iniciativas de mais mobilização e o estímulo ao protesto popular continuado e vigoroso, que demande a anulação do julgamento-farsa, a restituição dos direitos de todos os presos políticos e o fim da força-tarefa.

A Lava Jato, cada vez mais, se enfraquece e perde apoio, coleciona derrotas e sofre um franco processo de erosão política e institucional. Lula insiste na rejeição ao regime semi-aberto com condicionantes e restrições legais. Um golpe armado pelos procuradores *lavajatistas* para tentar descaracterizar a sua condição de preso político, mantendo a falsa narrativa sobre as reais motivações da prisão do ex-presidente.

No dia 27 de outubro, a capital da resistência, representada pela fibra e combatividade da Vígília Lula Livre, estará nas ruas junto com caravanas de todo país para arrancar a maior liderança popular da prisão ilegal e criminosa.

É o presente que Lula merece!

14/10/2019

Lava Jato manobra, mas 'tempo político' favorece Lula livre

Os procuradores da força-tarefa da Lava Jato lançaram mais uma manobra política na sexta-feira (27) quando formularam o pedido de progressão da pena injusta e arbitrária aplicada ao ex-presidente Lula. Chama atenção o fato de que é a primeira vez na existência da Lava Jato que o Ministério Público toma a iniciativa de pedir o cumprimento da progressão de pena.

A presidente nacional do PT, Gleisi Hoffmann, de forma acertada, alertou para a manobra: "Lula tem direito à liberdade plena, seu processo foi viciado, fraudado, com foco político, conforme revelações da #VazaJato. O STF deve julgar a suspeição do ex-juiz Sérgio Moro e anular o processo, soltando Lula imediatamente, sem regime de prisão. Semiaberto é golpe de Deltan Dallagnol", declarou em uma rede social.

A Lava Jato acumula nos últimos meses uma coleção de derrotas e atravessa um franco processo de erosão política e institucional. A decisão do Supremo Tribunal Federal (STF) na quinta (26) foi um duro golpe sofrido pelo lavajatismo e seus métodos de atropelo do marco jurídico e constitucional.

Por sua vez, a defesa do ex-presidente reiterou que Lula deve ter sua "liberdade plena restabelecida porque não praticou qualquer crime e foi condenado por meio de um processo ilegítimo e corrompido por flagrantes nulidades".

O debate jurídico e político sobre a liberdade do ex-presidente Lula se desloca no tempo e no espaço. A Lava Jato perdeu a iniciativa e se isola crescentemente. De forma progressiva e em zigue-zagues, o Supremo Tribunal Federal (STF) retoma as rédeas do processo e timidamente começa a enquadrar a "República de Curitiba".

Ao mesmo tempo, continuar a pressão política dentro e fora do país é o caminho mais adequado para uma derrota de conjunto e global do "lavajatismo", uma das colunas de apoio da extrema-direita e de seu desastroso governo.

Os procuradores da Lava Jato querem impor a Lula um regime semiaberto ou domiciliar, com restrições políticas, uso de tornozeleira e demais restrições legais na tentativa de descaracterizar a sua condição de preso político, mantendo a falsa narrativa sobre as reais motivações da prisão do ex-presidente. É em torno do como sair que vai se concentrar o "xis" da questão.

Enquanto isso, é continuar a luta por Lula Livre, com a anulação do julgamento-farsa e a extinção da Operação Lava Jato. Uma luta inseparável da batalha pelo fim do governo Bolsonaro e pelas demandas democráticas e sociais da maioria do povo brasileiro.

06/10/2019

Lava Jato S.A: O banditismo da 'República de Curitiba'

Neste domingo (14), novamente, o país é sacudido por graves revelações do site *The Intercept Brasil* e da Folha de São Paulo sobre o *modus operandi* criminoso da Lava Jato e da estratégia de negócios criada pelos procuradores da autoproclamada 'República de Curitiba'.

A reportagem da Folha de São Paulo e do site *The Intercept Brasil* deste domingo (14) revela a estratégia dos procuradores Deltan Dallagnol, Roberto Pozzobon e outros para a montagem de uma empresa de palestras e eventos, com base no prestígio e na visibilidade auferidos a partir da Operação Lava Jato.

A Folha transcreve os diálogos onde Deltan em conversa com Pozzobom aponta o caminho para lucrar às custas da Lava Jato: "Vamos organizar congressos e eventos e lucrar, OK? É um bom jeito de aproveitar nosso networking e visibilidade", diz um empolgado Dallagnol.

Nos seguintes conteúdos revelados pela Vaza Jato, as conversas entre os procuradores indicam claramente para a consolidação de uma permanente e lucrativa estratégia financeira, baseada em parcerias com empresas do ramo de eventos e a criação de um instituto, que seria pilotado pelas esposas dos procuradores. Deltan chega a projetar os seus lucros em torno de 400 k ao ano e precifica uma tabela para as futuras palestras.

As bancadas do Partido dos Trabalhadores (PT) na Câmara dos Deputados e no Senado anunciaram neste domingo que irão apresentar até a próxima terça-feira (16) uma nova representação no Conselho Nacional do Ministério Público (CNMP) contra membros da força-tarefa da Operação Lava Jato, após a divulgação de mensagens que revelam o objetivo de lucrar com palestras para empresas, universidades e em eventos de *compliance* no exterior.

Batalha de narrativas

A batalha de narrativas segue em renhida disputa. A linha central do argumento de Sérgio Moro, dos procuradores e do governo Bolsonaro é continuar martelando em torno da ilicitude do conteúdo dos diálogos obtidos pelo *The Intercept Brasil*.

A narrativa *lavajatista* tem um só objetivo: fugir do debate de mérito da gravidade dos crimes revelados e tentar criminalizar o site, alegando uma pretensa ação de hackers que obtiveram o material de forma "ilegal e criminosa". Ou seja, ao invés do debate se concentrar na apuração dos atos da parceria entre o juiz e os procuradores da força-tarefa, que de forma arbitrária selecionavam os alvos a serem abatidos por meio de toda sorte de atropelos ao Estado de Direito.

Os vazamentos divulgados até o momento pelo *The Intercept Brasil* são suficientes para anular todas as condenações forjadas pelos métodos da Lava Jato. A parcialidade do ex-juiz Sérgio Moro foi fartamente comprovada pelos vazamentos dos diálogos com o coordenador da força-tarefa Deltan Dallagnol. Além da nova descoberta de uma verdadeira "Lava Jato S.A" em Curitiba.

Glenn promete novas revelações e, ao mesmo tempo, aumentam as demandas políticas que exigem a nulidade de todos os atos praticados pelo ex-juiz de primeira instância contra Lula e os demais condenados pela Lava Jato.

Também fica evidente a necessidade da apuração pelo Ministério Público, o Supremo Tribunal Federal (STF), o Conselho Nacional de Justiça (CNJ) da conduta dos procuradores envolvidos nos mecanismos da "República de Curitiba", restabelecendo a primazia do Estado de Direito, com a extinção da força-tarefa da Lava Jato e de seus braços pelo país.

15/07/2019

The Intercept e a linha de defesa do *'bolsolavajatismo'*

O *The Intercept Brasil* enfrenta nos últimos dias uma campanha de descrédito e de desconstrução da "Vaza Jato" orquestrada pelo governo da extrema-direita e de seus longos braços na mídia corporativa e nas redes sociais vinculadas ao bolsonarismo. Trata-se de uma tentativa de desqualificar os fatos graves revelados pelo jornalista Glenn Greenwald sobre a atuação criminosa do ex-juiz Sérgio Moro e dos procuradores da Lava Jato.

A linha central do argumento de Sérgio Moro e do governo Bolsonaro é levar a discussão para o terreno em torno da ilicitude do conteúdo dos diálogos obtidos pelo *The Intercept Brasil*.

A narrativa *bolsolavajatista* tem um só objetivo: fugir do debate de mérito da gravidade dos crimes revelados e tentar criminalizar o site, alegando uma pretensa ação de hackers que obtiveram o material de forma "ilegal e criminosa. Ou seja, ao invés do debate se concentrar na apuração dos atos da parceria entre o juiz e os procuradores, apontando para a existência de uma verdadeira organização criminosa, que de forma arbitrária selecionava os alvos a serem abatidos por meio de toda sorte de atropelos ao Estado de Direito.

Os vazamentos divulgados até o momento pelo *The Intercept Brasil* são suficientes para anular todas as condenações forjadas pelos métodos da Lava Jato. A parcialidade do ex-juiz Sérgio Moro foi fartamente comprovada pelos vazamentos dos diálogos com o coordenador da força-tarefa Deltan Dallagnol. E segundo o jornalista Glenn Greenwald há ainda munição capaz de explodir as casamatas da Lava Jato.

A fórmula empregada pelo Intercept em divulgar os conteúdos gradualmente é a mais acertada e as parcerias firmadas com o jornal Folha de São Paulo e o jornalista Reinaldo Azevedo reforçam o alcance das matérias. Além disso, Glenn contribuiu para enfraquecer o quisto antidemocrático representado pelo lavajatismo no interior do aparelho judicial. A vitória de Jair Bolsonaro (PSL) só foi possível pela existência da Lava Jato e do efeito político na sociedade dos seus mecanismos criminosos.

Também de nada adianta as especulações sobre as origens dos vazamentos, o que importa é que os conteúdos são verdadeiros e até Sérgio Moro confirmou as conversas. É verdade que ele alega certo esquecimento ou demonstra cínica dúvida se falou mesmo o que foi revelado.

De toda forma, vamos aguardar as novas revelações e seguir exigindo a nulidade de todos os atos praticados pelo ex-juiz de primeira instância contra Lula e os demais condenados pela Lava Jato, a apuração pelo Ministério Público e o Supremo Tribunal Federal (STF) dos procuradores envolvidos nos mecanismos da "República de Curitiba" e o restabelecimento da primazia do Estado de Direito, com a extinção da força tarefa da Lava Jato e de seus braços pelo país.

Neste momento, Sérgio Moro se encontra nos Estados Unidos, uma viagem que gera mais suspeitas ainda sobre as suas nefastas vinculações com organismos do aparelho judiciário e de inteligência daquele país. É mais uma relação da Lava Jato que precisa ser devidamente esclarecida e apurada.

A derrota dos mecanismos criminosos do lavajatismo é fundamental para deter o estado policial em gestação no governo Bolsonaro que, ao lado da tutela militar, opera a mudança do regime político, tendo como objetivo estratégico a eliminação da esquerda e das forças populares como atores decisivos na disputa de rumos do país.

25/06/2019

Intercept derrete Moro, Bolsonaro quer confronto e a agenda da esquerda

A semana foi marcada por eventos políticos que sacudiram o país, com destaque para as graves revelações do site *The Intercept* sobre o *modus operandi* criminoso da operação Lava Jato e da perseguição política movida contra o ex-presidente Lula. A impressionante volatilidade da situação política comportou ainda uma greve geral na sexta-feira e a demissão de três generais por Bolsonaro no decorrer da semana.

O ex-juiz e ministro da Justiça da Justiça, Sérgio Moro, sempre contou com uma imprensa aliada que auxiliava a sua projeção para além das fronteiras do provinciano estado do Paraná. O então juiz foi até guindado à condição de herói nacional no combate à corrupção. A operação Lava Jato seria um modelo de uma justiça rápida e eficiente para todos, sem distinção de classe" entoava o coro coletivo da mídia *lavajatista*.

Porém as revelações do site *The Intercept* abalaram rapidamente a credibilidade do "mito", que enfrenta uma avalanche de reprovações e críticas por sua conduta criminosa e irresponsável até entre os seus apoiadores, a começar pela mídia corporativa. Moro estampa as capas das principais revistas semanais do país, dessa vez ele é o alvo das críticas.

Moro conduzia os processos da Lava Jato na época em que os diálogos divulgados pelo site teriam ocorrido e foi o responsável pela condenação do ex-presidente Luiz Inácio Lula da Silva à prisão, devido ao processo referente à propriedade de um apartamento triplex, localizado no balneário do Guarujá, no Litoral de São Paulo, um imóvel que nunca pertenceu ao líder petista.

Os diálogos mostram que Moro orientava os procuradores nas acusações, nos processos que ele mesmo julgava posteriormente, o que é uma grave violação do Estado de Direito e das normas da Magistratura. Alguns diálogos divulgados indicam que Moro chegou a orientar como a força-tarefa da Lava Jato, coordenada por Deltan Dallagnol, deveria proceder com a imprensa para rebater as argumentações da defesa do ex-presidente. Moro era titular da 13ª Vara Federal de Curitiba (PR) e teria ajudado a construir a estratégia da imprensa para fazer frente ao que chamou de "showzinho da defesa" do petista.

O jornalista Glenn Greenwald promete novas e bombásticas revelações para os próximos dias. Uma "bala de prata" no rol de vazamentos pode levá-lo [Moro] diretamente ao cadafalso. Na quarta-feira (19), Sérgio Moro fará o seu depoimento no Senado.

Bolsonaro aposta no confronto

Os últimos movimentos do presidente Jair Bolsonaro apontam para uma aposta no confronto, com o avanço das posições de extrema-direita neofascista no interior do governo. A demissão do general Santos Cruz é um indicativo dessa operação em curso. Bolsonaro quer, ao mesmo tempo, enquadrar a Direita tradicional e intimidar as forças populares e de esquerda.

Para pressionar ainda mais as instituições do Estado – Congresso e o Supremo Tribunal Federal (STF) – o núcleo duro bolsonarista usa os generais para mandar recados e lança mão, quando necessário, dos movimentos de apoio com que conta na sociedade, como pretende fazer no próximo dia 30 de junho com a convocação de manifestações em "defesa das reformas". Além das "tropas de choque" do bolsonarismo, grupos como o MBL e o Vem Prá Rua participarão dos atos em frente unida com a agenda do governo, o que não aconteceu no 26 de maio passado.

Agenda de acumulação e resistência ativa

A Greve Geral de sexta-feira (14) foi mais um momento de acumulação de forças na batalha em curso contra o governo Bolsonaro. As paralisações atingiram categorias importantes de trabalhadores e demonstraram a tendência crescente da vontade de mobilização e de resistência ativa de vastos segmentos da população dos grandes centros urbanos e das cidades médias e pequenas do interior do país.

Segue na ordem do dia a luta para derrotar o conjunto do nefasto projeto de reforma da Previdência. Resistir nas ruas e no parlamento. Qualquer tipo de "acordo mínimo" em torno do projeto de Bolsonaro/Guedes, como ensaiam os governadores do Nordeste (inclusive os do PT e Flávio Dino (PCdoB), será desastroso para os interesses dos trabalhadores e do povo pobre, abrindo espaço para a desmoralização e o enfraquecimento da esquerda.

Ao contrário, devemos apostar na mobilização popular para derrotar a reforma da Previdência, o desmonte da Educação e dos direitos sociais. Incrementar novas ações da Campanha Lula Livre e demandar punição para os crimes da Lava Jato. As centrais sindicais e as frentes de lutas precisam também construir uma grande campanha nacional de combate ao flagelo do desemprego e do desalento.

Portanto, seguir acumulando forças com uma resistência ativa nas ruas para derrotar o projeto autoritário e excludente do governo Bolsonaro e a agenda neocolonial das classes dominantes.

17/06/2019

Bolsonaro e Moro encolhem no 26 de maio

O presidente Jair Bolsonaro (PSL) apelou às ruas para enquadrar o "Centrão", os ministros do Supremo Tribunal Federal (STF) e, ao mesmo tempo, intimidar a oposição de esquerda ao seu governo. A tentativa de demonstração de forças ficou aquém do esperado pelo bolsonarismo, que saiu menor e dividido das manifestações.

Foi o primeiro grande erro tático do bolsonarismo que transmitiu ao longo da semana de convocação dos atos uma oscilação sobre o eixo político das manifestações, tentando esconder o seu viés claramente golpista e antidemocrático. O que gerou atritos nas hostes da Direita política e dissenção de grupos como o MBL , Vem Pra Rua, governador João Doria e de personalidades como a deputada paulista Janaína Paschoal.

As manifestações reuniram menos gente que nos atos em defesa da Educação do dia 15 de maio. Porém, é necessário registrar que as manifestações na avenida Paulista e na orla de Copacabana foram expressivas e com participação de massa. No restante do país, os atos juntaram a militância mais orgânica do bolsonarismo. No Nordeste, os atos foram fracos.

Apesar do fracasso político das manifestações, a corrente protofascista representada pelo bolsonarismo mostra ainda capacidade de mobilização e organicidade política, rivalizando com a esquerda o protagonismo de rua. O presidente Jair Bolsonaro saiu chamuscado do dia 26 de maio, mas segue com um apoio fiel e consistente de pelo menos 20% da população. Nenhuma liderança da velha direita reúne essa força.

A terceira lei de Newton e a precificação

A política real como na Física é movida por leis implacáveis. A terceira lei de Newton ensina que para toda ação existirá uma reação da mesma intensidade e força no sentido contrário. Isto pode significar na concretude da política três movimentos: O "Centrão" pode aumentar a precificação dos acordos nos projetos de interesse do governo que dependem da aprovação do Congresso (reforma da Previdência, Licença para Matar de Moro e etc); segundo, um novo arranjo no interior da base bolsonarista, com maior contenção do clã e crescente perda de protagonismo do grupo olavista; terceiro – o aumento do poderio político dos generais, que querem uma espécie de regime de "bonapartismo institucional" e não o "bonapartismo imperial" almejado por Bolsonaro e seu guru Olavo de Carvalho.

Ou seja, tudo que Bolsonaro queria evitar com as manifestações de rua de domingo, ele precipitou forçando a definição política de parceiros e aliados do governo e também abrindo uma zona de conflito com fortes instituições do *establishment*, como o STF. Bolsonaro e Moro pagarão um preço político pelo erro tático de domingo. Apesar do entusiasmo de ambos nas redes sociais ontem, a conta amarga vai chegar e logo.

As rachaduras no andar de cima e as contradições do governo Bolsonaro potencializam o surgimento de uma alternativa democrática e popular em resposta à crise política de governabilidade das elites e do desmonte social.

Por tudo isso, vamos ao 30 de maio em defesa da Educação rumo à greve geral de 14 de junho em defesa da Previdência e da Democracia!

27/05/2019

O chamado de Lula à resistência popular

A entrevista exclusiva do ex-presidente Lula, concedida aos jornalistas Mônica Bergamo (Folha de São Paulo) e Florestan Fernandes (El País) na sexta-feira (28), foi o fato político mais relevante da semana no país, alcançando também repercussão internacional. Uma entrevista que já ficou histórica.

Além de furar o silêncio imposto ao ex-presidente Lula, a entrevista assegurou a voz do maior líder popular do país, encarcerado há mais de um ano pela operação Lava Jato, na sede da Polícia Federal, em Curitiba.

Durante a entrevista, Lula reafirmou, com veemência, a sua inocência e a condição de alvo político de uma farsa montada pelo então juiz Sergio Moro e pelos procuradores da Lava Jato em Curitiba contra ele, forjando uma condenação sem provas e por fatos indeterminados. Lula denunciou a Lava Jato, a perseguição judicial, exigiu um julgamento justo e disse que lutará para desmascarar a farsa de Sergio Moro.

Ao analisar a conjuntura e seus desdobramentos, Lula fez uma dura radiografia do desastre do governo Bolsonaro e de suas políticas antipopulares e de desmonte do país. "Eu tenho compromisso com esse povo. E eu estou vendo a obsessão que está acontecendo agora. De destruir a soberania nacional. De destruir empregos. De juntar R$ 1 trilhão, para quê? Às custas dos aposentados?", declarou indignado.

Sobre a proposta de reforma da Previdência disse Lula: "Um país que não gera emprego, não gera salário, não gera consumo, não gera renda, quer pegar do aposentado e do velhinho R$ 1 trilhão? O Guedes precisava criar vergonha. Onde ele fez esse curso de economia dele? Se ele quiser me visitar aqui, eu discuto com ele esse problema dos pobres sem causar prejuízo aos pobres. Por que ele não mostra os privilegiados (de quem) eles falam que vão acabar com os privilégios?".

Ou seja, o líder petista apontou os interesses em jogo com o desmonte do sistema público de Previdência, principal projeto do governo bolsonarista, e apelou para a sua rejeição em bloco.

O conjunto da entrevista revelou um Lula combativo, indignado, com vontade de liderar a mobilização popular. O tempo de cadeia e a campanha de desconstrução política de seu legado na presidência, não enfraqueceram o seu vigor e determinação, como ele mesmo registrou "sou um pernambucano teimoso e vou lutar".

Lula abordou também a relação dos sindicatos com os trabalhadores, alertando os dirigentes sindicais para as novas dinâmicas no mundo do trabalho, as mudanças operadas no perfil da classe trabalhadora e a necessidade de intensificar o diálogo com os trabalhadores precarizados e que estão na informalidade.

Também ressaltou o papel e a grandeza do PT, fez referências ao futuro promissor da liderança de Guilherme Boulos (PSOL), elogiou o governador do Maranhão Flávio Dino (PCdoB) e acenou para um ajuste na relação com Ciro Gomes (PDT).

Sobretudo, a mensagem central, o sentido político que fica da entrevista de Lula, é o da inadiável e imperativa tarefa de construção da resistência popular ao governo da extrema direita, do "bando de malucos', como classificou, abrindo a perspectiva de um novo rumo para o país – com inclusão social, democracia e protagonismo popular.

29/04/2019

Lula vai falar: Derrota política e simbólica da Lava Jato

A decisão do Supremo Tribunal Federal (STF), na quinta-feira (18), que liberou o ex-presidente Lula para dar entrevistas aos veículos que pediram autorização, no caso os jornais Folha de São Paulo e o El País, assegura o primeiro contato do líder petista com a imprensa após a sua arbitrária prisão política

Os jornalistas Mônica Bergamo (Folha de São Paulo) e Florestan Fernandes (El País) serão os primeiros profissionais da imprensa com acesso ao ex-presidente Lula. A decisão de Toffoli rompe o silêncio imposto ao ex-presidente e foi resultado da queda de braço entre a Lava Jato e os ministros do STF.

Ao decidir enfrentar a campanha de fake news contra os ministros da corte suprema, Dias Toffoli atirou na liberdade de imprensa censurando dois veículos da imprensa *lavajatista*, porém, quando suspendeu a equivocada decisão, teve também que ceder aos pedidos de entrevistas com o ex-presidente Lula, engavetados por Luiz Fux ainda em setembro de 2018.

O fato ganha maior relevância na medida em que significa mais uma reação do STF contra os abusos e as ações ilegais da Lava Jato. Durante os últimos anos, a força-tarefa cumpriu um papel de promotora de um novo modelo de Justiça – de exceção e populista.

Em nome do combate à corrupção, a Lava Jato debilitou a democracia no país e iniciou uma feroz perseguição ao Partido dos Trabalhadores (PT) e aos seus líderes. A atuação da força-tarefa de Curitiba foi um elemento decisivo para a promoção do impeachment da presidente Dilma Rousseff e do posterior encarceramento de Lula.

Além disso, a operação Lava Jato adotou um *modus operandi* em confronto aberto com a Constituição, abusando de mecanismos como as conduções coercitivas sem amparo legal, longas prisões preventivas, vazamentos seletivos e delações premiadas continuadas e reeditadas conforme a necessidade política do momento.

A prática do *lawfare* em larga escala e um ativismo de procuradores e juízes sem precedentes, com intervenções na cena política, a promoção de campanhas ("Dez Medidas") e o estímulo da mobilização popular nas redes sociais e até de manifestações de rua foram, de certa forma, se naturalizando.

A Lava Jato se tornou uma espécie de "quisto" antidemocrático, que se expandiu e agora briga para se manter e se eternizar. Vale lembrar a criação de um aparelho permanente e sem previsão legal para gerir fundos e operar a destinação de recursos judiciais – que é a *fundação* criada por Deltan Dallagnol.

A Lava Jato também causou pesados danos colaterais à economia do país, desmontou a construção pesada, a cadeia do petróleo e gás, dizimou a indústria naval e da construção civil, gerando desemprego e o esvaziamento econômico de centenas de cidades.

A última vítima fatal da Lava Jato foi o ex-presidente peruano e líder aprista, Alan García, que cometeu suicídio momentos antes de sua condução para o cárcere. Garcia foi atacado por longos meses pelo braço peruano do lavajatismo. A mesma campanha é orquestrada contra a ex-presidente da Argentina, Cristina Kirchner. A peronista tem enfrentado uma odiosa campanha de mentiras e ações de *lawfare*.

Nesse contexto, de ofensiva da direita com a criminalização da política, via Lava Jato, e da formulação de projetos de leis autoritários e inconstitucionais, como o projeto de Sérgio Moro de "licença para matar", a voz de Lula será um contraponto potente ao lavajatismo e ao desastroso governo de Bolsonaro.

As entrevistas com Lula, caso não surja nenhum casuísmo judicial nas próximas horas, terão um sabor de derrota política da Lava Jato e carregam o simbolismo da força da palavra do maior líder popular do país.

Lula vai falar e o Brasil precisa ouvir a sua voz.

22/04/2019

Lula Livre é defender a democracia e derrotar 'estado policial *lavajatista*'

O Encontro Nacional Lula Livre, realizado no último sábado em São Paulo, além de ressignificar a campanha pela liberdade do ex-presidente, iniciou um processo de unidade das principais forças partidárias da esquerda, dos movimentos sociais e sindicais.

O evento, que reuniu mais de mil ativistas de todo o país, partidos políticos (PT, PSOL, PCdoB, PCO) lideranças sindicais, do movimento negro, jornalistas, militantes de 300 Comitês Lula Livre, representou também uma aliança prática entre a esquerda política e o ativismo social para enfrentar a agenda do governo de extrema-direita de Bolsonaro.

Porém, o ganho de consciência mais importante dos dirigentes e militantes da esquerda política e social foi a compreensão de que a Campanha Lula Livre é o eixo central e unificador da luta pela democracia e um instrumento para derrotar o projeto em curso do governo da extrema-direita – e de seu braço judicial na operação lava jato de criar as bases de um estado policial.

Projeto conduzido pelo ministro da Justiça Sérgio Moro e pelos procuradores de Curitiba, protegidos pelo generalato reacionário, que integra o campo bolsonarista. E estimulado por setores do aparato midiático dos grandes grupos econômicos.

A tentativa da lava jato de montar um fundo bilionário, sem transparência e violando todos os princípios da gestão pública do estado brasileiro, despertaram amplos segmentos do aparelho do Poder Judiciário dos riscos à democracia representado pela ação criminosa do grupo nucleado em Curitiba, que conta com o suporte do Departamento de Justiça dos EUA e de outras agências do império.

Como assinalou o sentido da mensagem do presidente Lula ao encontro: "A nossa luta é pela democracia e pela justiça. E só vamos alcançar esses objetivos defendendo os direitos do povo e a soberania nacional, porque foi contra estes valores que deram o golpe e interferiram na eleição. Foi para entregar nossas riquezas e reverter as conquistas sociais. Que os comitês Lula Livre tenham isso bem claro e atuem cada vez mais na sociedade, nas redes, nas escolas e nas ruas", disse o ex-presidente.

A prisão política de Lula, uma operação de *lawfare* para tirá-lo da disputa presidencial em 2018, teve revelada toda a trama com a nomeação de Sérgio Moro para o Ministério da Justiça de Jair Bolsonaro (PSL).

Neste sentido, a jornada nacional e internacional por Lula Livre, entre 7 a 10 de abril, será um momento decisivo para a incorporação de amplos segmentos do nosso povo no combate pela liberdade de Lula, contra o desmonte social, por punição para os assassinos de Marielle Franco, criando uma poderosa e potente rede de comitês de base da Campanha Lula Livre nos locais de trabalho, moradia, estudo, cultura e nas redes sociais.

18/03/2019

Por Lula livre, agrupar o PT e a Esquerda para avançar a resistência popular

Ainda estão crepitando as brasas da disputa eleitoral encerrada no último domingo (28), que, segundo os analistas políticos, foi a eleição presidencial mais polarizada na história do País. Grosso modo, dois projetos se defrontaram nas urnas, nas ruas e nas redes sociais. A vitória do candidato da extrema direita, Jair Bolsonaro (PSL), encerra um ciclo político iniciado com o processo de redemocratização, que aposentou os governos da ditadura e formulou o pacto político e social da Constituinte de 1988.

Aqui neste breve texto, o objetivo não é a realização de nenhum exame das causas da derrota do projeto democrático e popular, representado pelo candidato do Partido dos Trabalhadores, Fernando Haddad, mas, sim, prospectar os caminhos da necessária e inevitável resistência popular.

A vitória de Jair Bolsonaro (PSL), candidato de uma coalizão de setores empresariais, banqueiros, militares, de segmentos do aparelho judiciário, do agronegócio mais reacionário, igrejas pentecostais e de grupelhos neofascistas, alcançando 57, 7 milhões de votos (55,13% dos votos válidos) contra 47,03 milhões (44,87%) de Fernando Haddad (PT), abre uma etapa de novos desafios políticos para a esquerda e redesenha o mapa da correlação de forças no país. Candidatos conservadores também venceram as eleições para os governos estaduais de São Paulo, Minas Gerais e Rio de Janeiro.

Ou seja, uma nova situação que vai exigir do conjunto da esquerda, em particular do PT, um esforço para a construção de uma frente política de resistência ao novo governo, tendo como núcleo central os partidos de esquerda e os movimentos sociais, para impulsionar uma potente oposição de caráter popular, construída pela base e unificada na defesa dos trabalhadores e dos pobres, da democracia, dos direitos sociais e da soberania nacional.

Nesse contexto, a retomada com todo vigor da campanha nacional e internacional por "Lula Livre" é um dos eixos centrais do combate ao governo autoritário, ainda mais agora com a nomeação do juiz Sérgio Moro para o Ministério da Justiça. Além disso, avulta a luta em defesa das liberdades democráticas e da soberania nacional. O que demanda também o debate mais aprofundado na esquerda da palavra de ordem de convocação de uma *Assembleia Nacional Constituinte* – bandeira demonizada pela direita e a mídia monopolizada.

Por último, a experiência de toda uma geração de militantes da esquerda, incluindo os petistas, se deu num quadro de ascenso de massas, de grandes mobilizações populares, de vitórias eleitorais e de ocupação de espaços no aparelho de Estado em diversos níveis. Mesmo durante o período de hegemonia neoliberal dos governos de FHC, a luta social avançou e o PT se fortaleceu, acumulando sempre mais força. Porém, a situação mudou de qualidade. Há uma evidente defensiva entre as camadas de trabalhadores organizados, a classe média se deslocou para o conservadorismo e temos um cenário internacional e latino-americano de avanço da direita.

É nessa conjuntura adversa que estamos chamados a travar o combate em defesa de nosso projeto civilizatório de nação, com audácia, resiliência e com o otimismo da esperança.

Resistir é o primeiro passo...

04/11/2018

Em Porto Alegre falta o '*onus probandi*' da Lava Jato

O encargo de provar – *onus probandi* – a acusação, expressão retirada do latim, qualifica a principal falha do julgamento do ex-presidente Lula marcado para o dia 24, próxima quarta-feira, em Porto Alegre. Sem provas, não há crime. É o que diz a lei.

O argumento principal e básico da acusação formulado pelos procuradores da Lava Jato afirmava que Lula teria recebido da empreiteira OAS um apartamento triplex reformado de 200 metros quadrados, na cidade de Guarujá (SP), em troca de três contratos na Petrobras. Segundo essa narrativa, Lula, portanto, teria cometido crime de corrupção passiva, que ocorre quando um servidor público recebe favores em troca de decisões (também chamados de atos de ofício). Além da acusação de lavagem de dinheiro, através de um esquema montado na Petrobras.

A sentença do juiz Sérgio Moro, baseada nas denúncias dos procuradores da Lava Jato, no entanto, não logrou provar que o ex-presidente Lula é o proprietário do imóvel. A lei assegura que a propriedade de um imóvel é reconhecida apenas por meio de uma escritura pública, com registro em cartório de imóveis. Como tal documento não existe, Lula não é dono do imóvel. Mesmo assim, Moro condenou o ex-presidente a nove anos e meio de prisão, alegando que Lula não seria "proprietário de direito", mas sim "proprietário de fato". Uma aberração: Já que Lula nunca ocupou o imóvel, nem por uma hora, nem por um dia ou sequer uma noite!

Triplex penhorado

O imóvel, "o famoso triplex do Guarujá", foi penhorado, conforme termo de penhora datado de 05 de dezembro de 2017, por uma decisão da juíza Luciana Oliveira. O imóvel, que nunca foi de Lula e pertencia à OAS, passa a ser agora da empresa Macife, credora da empreiteira que faliu em razão da Lava Jato. Ou seja, o principal elemento de "prova" que foi utilizado por Moro para condenar Lula não se sustenta, e também resultou na delação premiada de empreiteiros, com versões que mudaram ao longo tempo — incluindo o nome de Lula como moeda de troca para validar delações.

Petrobras

O crime de corrupção passiva do qual Lula é acusado só poderia ser consumado, segundo os ditames do atual ordenamento jurídico, se o ex-presidente ocupasse um cargo na Petrobras. Como ele nunca ocupou cargo na petroleira, e não assinou nenhum contrato com a empreiteira OAS em troca de dinheiro, favores ou bens, logo não tem base legal a acusação feita ao ex-presidente por suposta prática de lavagem de dinheiro com desvio de recursos da Petrobras.

Neste sentido, como não se apontou como o dinheiro foi desviado e tampouco como Lula operou para viabilizar os desvios, o envolvimento do petista na prática desses supostos crimes, apenas se baseou nas delações e na mentalidade persecutória da turma de procuradores da Lava Jato. Trata-se de mais um atropelo, que viola os princípios do Direito. A defesa do ex-presidente apresentou farta documentação comprovando, mais de uma vez, a inocência e a carência absoluta de provas contra ele.

Para completar o rol de ilegalidades e atropelos da Lava Jato contra Lula não é demais lembrar a condução coercitiva de março de 2016, os vazamentos seletivos de áudios de Lula, de seus familiares e da presidente Dilma, os grampos nos escritórios dos advogados de defesa e a campanha midiática orquestrada entre os procuradores e a mídia golpista demonizando o ex-presidente, como um espécie de "bandido número um" do país.

Sem provas, a anulação da sentença

Os três desembargadores do TRF-4 – João Pedro Gebran, Victor Laus e Leandro Paulsen – estão com a incumbência de negar ou confirmar a sentença perpetrada pelo juiz de primeira instância, Sérgio Moro. Sem provas, o vetor natural seria a anulação da sentença. Resta saber, se vai prevalecer o império da lei ou da convicção togada sem base e amparo na legalidade.

No caso da reafirmação de sentença condenatória, uma nova fase de instabilidade institucional poderá se apresentar ao país. A presidente nacional do PT, a senadora Gleisi Hoffmann, tem alertado para os riscos de uma decisão que viole os direitos políticos de Lula, que lidera as pesquisas eleitorais em todos os cenários da futura disputa da presidência da República em outubro, o que implicaria no questionamento da própria legitimidade das eleições. Por isso, aumenta a aderência política da palavra de ordem de "eleição sem Lula é fraude" — expressão do sentimento consolidado de amplo espectro do eleitorado popular de Lula e do PT.

No dia 24, em Porto Alegre, o estado de direito e a democracia serão postos à prova.

20/01/2018

Delação de Palocci é uma 'isca de polícia'

O depoimento do ex-ministro Antonio Palocci é o assunto do momento no país. Palocci declarou que o ex-presidente Lula avalizou um acordo com a empreiteira Odebrecht que resultaria em R$300 milhões de propina, além de outros acertos financeiros. A denúncia de Palocci ocorreu num momento de forte questionamento do acordo feito pelo procurador-geral da República, Rodrigo Janot, com o empresário Joesley Bastista, dono da JBS, e às vésperas de um novo depoimento do ex-presidente Lula em Curitiba.

O *modus operandi* das delações orquestradas pela operação Lava Jato seguem no geral o mesmo roteiro. Dessa vez, porém, as tratativas com o potencial delator o ex-ministro dos governos Lula e Dilma, Antonio Palocci, foi uma cartada programada com um duplo objetivo: aliviar a pressão que cresceu em torno do acordo patrocinado por Rodrigo Janot com o delinquente Joesley Batista, que gerou um grande desgaste ao MPF. O segundo objetivo, foi reforçar o cerco ao ex-presidente Lula. O momento escolhido não foi aleatório: Às vésperas de um novo depoimento de Lula para o juiz Sergio Moro, na próxima quarta-feira (13).

Palocci, condenado pelo juiz Sérgio Moro a 12 anos de prisão, negocia desde do início do ano sua delação e a oportunidade surgiu durante a semana – o que uniu a fome com a vontade de comer. Tanto Moro quanto Palocci convergiram na mesma direção: era a hora de fazer a delação. O mecanismo foi acionado, o alvo definido e a narrativa preparada. Ou seja, a isca foi lançada para fisgar o peixe graúdo, uma ambição esquizofrênica acalentada pela turma de procuradores e pelo juiz Moro.

O valor de troca da delação premiada de Palocci cresceu na bolsa da Lava Jato. E o ex-ministro, primeiro petista na condição de delator, não se fez de rogado. Palocci no depoimento não apresentou nenhuma prova concreta e acusou Lula de promotor de um suposto "pacto de sangue" com a empreiteira Odebrecht, o que envolveria, segundo ele, vantagens financeiras e materiais na forma de doação de um imóvel para a construção da sede do Instituto Lula, a remuneração de Lula na forma de palestras e um "fundo" de R$ 300 milhões.

Portanto, Palocci agora precisa apresentar as provas, os fatos, e as circunstâncias para sustentar a tentativa de redução de pena. No momento, apesar do impacto político e midiático das declarações do ex-ministro, tudo não passa de mais uma narrativa acusatória contra Lula e o PT. Como se manifestou a defesa do ex-presidente Lula, a onda persecutória da Lava Jato tenta reforçar o arsenal de pretensos crimes, não comprovados, do líder petista.

Tudo indica que a delação de Palocci é a aposta da vez de Moro e dos beleguins da força-tarefa da Lava Jato. No Brasil, é bom sempre lembrar que a lei não é para todos!

Neste sentido, é hora de resistir e reforçar a solidariedade militante ao ex-presidente Lula.

09/09/2017

Moro e a 'Lubianka do Paraná': Xadrez dos processos de Moscou e de Curitiba

O jornalista Luis Nassif em seu blog faz um paralelo político e jurídico entre os famosos Processos de Moscou, ocorridos nos anos 30, no auge do terror de estado do governo stalinista, e a chamada Operação Lava Jato. O jornalista questiona fortemente as ações do juiz Sérgio Moro e dos procuradores, que buscam forjar provas a partir de delações e depoimentos de presos, a partir de imensas pressões psicológicas e constrangimentos morais, como fazia o regime de terror de Stalin (No caso de Moscou, além das torturas físicas).

Nassif alerta que os processos jurídicos da era stalinista se comprovaram depois de uma grande fraude judicial e um monstruoso crime político. Segundo ele, cada vez mais, a Operação Lava Jato se aproxima das formas e métodos daqueles processos moscovitas, de ampla violação da legalidade e dos direitos dos acusados, do cerceamento do direito da defesa e de vigorosa campanha midiática de calúnia e difamação dos acusados. Seria Curitiba a Lubianka dos trópicos?. Confira a íntegra do artigo. (M.A)

Por Luis Nassif – GGN

Peça 1 – os processos de Curitiba e os de Moscou

O interrogatório de Renato Duque lembra os processos de Moscou de 1938, onde foram condenados bolchevistas históricos como Lev Kamenev, Grigori Zinoviev, Nikolai Bukharin, Leon Trotsky, Leon Sedov (filho de Trotsky), todos condenados à morte após confissões. Trotsky e seu filho fugiram antes.

As confissões eram montadas e extraídas sob tortura, mas proferidas perante um juiz togado, obedecidos todos os procedimentos legais, com os interrogados em postura de arrependimento e humildade,.

Aliás, o mesmo modelo adotado pela ditadura com a Globo, no início do Jornal Nacional. Depois de obter "confissões" sob tortura, gravava-se uma entrevista na qual o prisioneiro manifestava seu arrependimento. E as imagens iam ao ar pelo Jornal Nacional.

Repetiu-se o mesmo jogo com Léo Pinheiro, ex-presidente da OAS, e Renato Duque, ex-diretor da Petrobras.

Retransmitido dezenas de vezes pelo sistema Globo, as imagens mostram um homem destruído, no chão, o padrão clássico do interrogado sob tortura que diz o que o interrogador quer que diga. É inconfundível o cheiro de confissão montada.

Depois de ter € 20,5 milhões bloqueados por autoridades do Principado de Mônaco e da Suíça, no Banco Julius Baer, de Mônaco, em nome das offshores Milzart Overseas (€ 10,2 milhões) e Pamore Assets (€ 10,2 milhões), Duque diz que *"Para mim bastariam 10 milhões de dólares (...) eu não queria dinheiro para mim"*.

E conclui com um: – *Gostaria de enfatizar meu interesse de assinar uma repatriação, o que for necessário, para que esse dinheiro venha e volte aí para quem de direito.*

Se o roteirista fosse mais imaginoso poderia terminar a delação-confissão com um desinteressado *"gostaria de agradecer os bravos, honestos e patrióticos membros da Lava Jato pela oportunidade de me trazer de volta para as sendas do bem"*.

Mas, onde as provas? Onde a verossimilhança?

Peça 2 – a delação de Renato Duque

A confissão de Renato Duque é de uma pessoa presa e acuada, com ameaça de ficar preso pelo resto da vida. Tem tanto valor quanto a confissão de um prisioneiro no pau de arara.

Vamos submetê-la ao filtro mais imediato: o teste de verossimilhança.

Duque e Dilma

Graça Foster foi indicada para a Petrobras por Dilma, com a missão específica de afastar diretores sobre os quais pairavam rumores de corrupção. Seu primeiro ato foi demitir Paulo Roberto Costa e Renato Duque.

Todos os depoimentos sobre Dilma Rousseff, mesmo de adversários ou delatores, jamais atestaram qualquer abertura dela com terceiros, qualquer declaração minimamente íntima. E nenhuma intimidade tinha especialmente com o círculo que se aproximou do poder através de José Dirceu.

Pela delação, Duque pediu demissão espontaneamente e foi convocado por Dilma, que teria pedido: *"Você tem que ficar porque será o nosso arrecadador"*.

E nosso bravo delator disse não.

Duque e Lula

Segundo Duque, o diálogo com Lula teria sido o seguinte:

> Lula – A Dilma tinha recebido a informação de que um ex-diretor da Petrobras tinha recebido dinheiro da CBM

Duque – *Não, não tenho dinheiro da SBM. Nunca recebi dinheiro nenhum da SBM,*

Lula – *E as sondas? Tem alguma coisa?*

Duque – *Não, também não tem.*

Lula – *Olha, preste atenção: se tiver alguma coisa, não pode ter. Não pode ter nada no seu nome, entendeu?*

Por tudo o que se sabe de Lula, em 37 anos de vida pública jamais se abriu com alguém de fora de seu círculo pessoal. E Duque nunca foi de seu círculo.

Duque diz que Lula "sabia de tudo" e era o "comandante do esquema".

Ora, o objetivo principal de um esquema de corrupção é obter dinheiro. Como então o chefe desse esquema pergunta a um personagem secundário aonde está o dinheiro? E não sabe se o pagador pagou e nem se tinha que pagar, não sabe o que foi combinado, como o combinado foi pago e se foi pago onde está o dinheiro. E, no entanto, mesmo sendo do círculo secundário da corrupção, Duque "sabia" que um terço do dinheiro ia para o PT, outro terço para Lula e outro terço para Dirceu.

Em outro trecho, diz Duque, segundo o padrão de jornalismo *Veja*:

1 Lula operava em favor das empreiteiras e definia percentuais de propina.

2 Lula mantinha uma agenda de encontros nos quais cobrava pessoalmente a liberação de dinheiro para as empreiteiras.

3 O ex-ministro José Dirceu e Lula planejavam dividir com o PT uma cota da propina que poderia chegar a US$ 200 milhões.

Até é possível que Lula tenha cruzado com Duque no hangar da TAM. Mas a conversa não faz sentido.

Mesmo aceitando como verdadeiro o diálogo relatado por Duque, o que se conclui é que:

1. Lula NÃO SABIA NADA, apenas desconfiava.
2. Pelas perguntas a Duque, Lula não estava em busca do dinheiro. Apenas fez uma advertência.
3. Se Lula não sabia nada sobre a) se houve comissão, b) se ela foi paga, c) onde foi paga e d) onde está o dinheiro, Duque deixou claro que Lula NÃO SABIA DE NADA, nem ele e nem Vaccari.
4. Mesmo assim, Duque diz que sabia de tudo, até que o dinheiro era dividido pelo PT, por Dirceu e por Lula.

Peça 3 – Uma amostra da cartelização da manipulação da notícia

Todos os jornalões e sites de jornais repetiram o mesmo título.

Folha: "Ex-diretor da OAS diz que tríplex estava 'reservado' para Lula"

Estadão: "Ex-diretor da OAS afirma que tríplex estava 'reservado' para Lula"

Globo: "Ex-diretor da OAS diz a Moro que tríplex estava reservado para Lula".

G1: "Ex-Diretor da OAS diz a Moro que tríplex estava reservado para "Dona Mariza e o ex-presidente´"

As matérias se referiam ao depoimento prestado por um ex-diretor regional da OAS, Roberto Marinho Ferreira, responsável pelas benfeitorias realizadas na unidade.

Segundo a reportagem da Folha, Ferreira teria declarado o seguinte:

Ferreira disse que soube por meio de um diretor que havia uma "reserva específica", para o ex-presidente, da unidade.

Segundo o réu, as chaves nunca foram entregues para Lula ou para Marisa Letícia e o apartamento está fechado desde a deflagração da sétima fase da Operação Lava Jato, que prendeu Léo Pinheiro no fim de 2014. A unidade permanece sob responsabilidade da OAS.

O ex-diretor regional diz que nada na reforma foi feito de "forma oculta" e que há notas fiscais de todos os gastos.

A manipulação das ênfases é apenas um dos aspectos desse jornalismo de guerra. Destaca-se o acessório ou tira-se uma frase do contexto e, pela maior visibilidade de manchete sobre o corpo da matéria, transmite-se a convicção de que o apartamento pertenceria a Lula.

Desde o início desse jornalismo de esgoto, mais explícito no período *Veja* de 2006 a 2014, uma das jogadas consistia em lançar pesadas acusações no ar, sem a apresentação de provas.

No início, o blefe pegava. Não se imaginava uma publicação com a história de Veja lançar denúncias de grande gravidade sem dispor de provas. Havia sempre a expectativa de que na edição seguinte apareceriam novas evidências, motivo pelo qual muitos seguravam as críticas. E as evidências jamais apareciam até se descobrir o fenômeno da pós-verdade assumida por toda a mídia corporativa.

Peça 4 – a metodologia de manipulação dos processos

O processo judicial exige provas. A delação só tem valor jurídico se acompanhada de provas. No caso de acusações por corrupção tem que existir o subornado, o subornador, e a prova do suborno – de um lado o pagamento, de outro lado o benefício.

Suponha que determinada empresa queira fazer um agrado a um ex-presidente. Por si, não é corrupção. Para caracterizar a corrupção tem que haver a contrapartida, amarrar o pagamento a um episódio específico.

O método de acusação da Lava Jato é tão óbvio quanto o dos Processos de Moscou:

1. Levantam qualquer espécie de pagamento que possa ter sido feito a Lula, por palestras no exterior e aqui, para armazenamento dos presentes da Presidência, para financiamento do Instituto Lula – em tudo parecido com o que ocorreu com o Instituto Fernando Henrique Cardoso.
2. Levantam provas de corrupção na Petrobras.
3. A partir daí tentam forçar relações entre um caso e outro, em uma espécie de jogo de junte-os-pontos.

Ora, há pontos fundamentais para caracterizar a corrupção:

1. Provas cabais de entrega de dinheiro a Lula, por depósitos, contas no exterior ou em dinheiro vivo.
2. Provas cabais de enriquecimento patrimonial de Lula, como documentos provando posse de imóveis ou outros bens.

E aí a Lava Jato se enrola.

Contando com os mais potentes instrumentos de investigação da história – a NSA, FBI e Departamento de Justiça na cooperação internacional, os bancos de dados do Banco Central, Receita, Coaf, as interceptações telefônicas e as delações premiadas – a equipe da Lava Jato não conseguiu levantar uma prova sequer contra Lula.

As palestras tinham preço de mercado, inclusive tendo como um dos clientes a própria Globo. As palestras na África e América Latina obedeciam a propósitos comerciais das empreiteiras, de ter Lula como seu garoto-propaganda. Os favores pessoais foram feitos a um ex-presidente que, desde que deixou o poder, não teve o menor espaço no governo – porque tendo uma sucessora que fazia questão de exercer o poder absoluto, sem abrir espaço sequer para conselhos.

Houve favores também a filhos de Lula, a sobrinho da primeira mulher. Pela dimensão da ajuda, em contraposição ao valor da suposta corrupção, qualquer analista minimamente racional consideraria como mimos de empresas.

Daí o jogo midiático da Lava Jato, entupindo a mídia nativa com afirmações taxativas, com ilações sem o menor valor legal, para um público leigo, atendido por um jornalismo tão primário quanto ele, para quem seguir os procedimentos legais são "meras tecnicalidades" – como diz o texto da brilhante Eliane Cantanhêde.

Peça 5 – os processos contra Lula

Hoje em dia, há três processos correndo contra Lula.

1. O do Powerpoint, que analisa três contratos da OAS com a Petrobras e tenta estabelecer relações com o triplex, que seria supostamente de Lula.
2. Os contratos da Odebrecht e o prédio do Instituto Lula,
3. A acusação de obstrução da notícia, a partir da delação do ex-senador Delcídio do Amaral.

Caso 1 – o triplex

Até agora foram ouvidas 73 testemunhas, 27 de acusação.

As últimas declarações de Léo Pinheiro, ex-presidente da OAS – atribuindo a Lula a propriedade do tríplex – não tem o menor valor legal. Leo depôs da condição de co-réu, como tal, não depõe sob juramento e nem tem a obrigação de falar a verdade. Seu depoimento não tinha o menor valor para o processo. Mas foi tomado para garantir as manchetes do dia seguinte.

Os advogados conseguiram provas cabais da inocência do Lula, não só documental, mostrando o verdadeiro proprietários das propriedades, mas a testemunhal também. Todas as testemunhas inocentaram Lula.

O próprio administrador judicial – do pedido de recuperação judicial da OAS – já informou os credores que o imóvel em questão faz parte dos ativos em garantia.

Léo Pinheiro ainda não fechou a delação. Mas já admitiu não ter provas com base em uma desculpa padrão: Lula pediu para ele destruir todas as provas. E ele destruiu.

Segundo a acusação da Lava Jato, o triplex teria sido transferido para Lula no dia 7 de outubro de 2009. Esse é o dia em que foi selado o acordo entre a Bancoop e a OAS, para assumir a construção do edifício Solaris, sob a supervisão do Ministério Público Estadual e a Justiça estadual de São Paulo.

No dia 6 de novembro de 2009, o próprio Léo Pinheiro protocolou na Junta Comercial a escritura de uma emissão de debêntures incluindo o imóvel nos ativos da companhia. Ao contrário da sua confissão, a escritura de debêntures era encimada por um "declaro sob as penas da lei que as informações são verdadeiras".

Dona Marisa possuía uma cota do edifício, adquirida em 2005. A tese da Lava Jato supõe que dona Marisa adquiriu a cota em 2005 sabendo antecipadamente que a obra seria transferida para a OAS em 2009 e o triplex seria transferido para ela, embora só ficasse pronto em 2014.

Fora os factoides, a Lava Jato não possui um documento sequer comprovando posse do tríplex por Lula, nenhum depoimento sustentando que ele tenha passado uma noite sequer no edifício ou recebido as chaves, menos ainda, as escrituras. Nada.

Há, ainda, um braço do processo que questiona o contrato entre OAS e Granero para armazenamento do acervo presidencial. O próprio Leo Pinheiro disse que a empreiteira fez o arranjo por interesse em ser um "apoiador cultural", com recursos lícitos e sem nenhuma contrapartida.

Caso 2 – o imóvel para o Instituto Lula

É mais um processo que explora a relação Palocci-Odebrecht – o mesmo em que Moro tentou, sem sucesso, obrigar Lula a ouvir as suas 87 testemunhas de defesa. Sustentam os procuradores de Curitiba que Odebrecht comprou um terreno para o Instituto Lula que, na prática, jamais foi usado pelo ex-presidente. Segundo depoimento de Marcelo Odebrecht em outra ação penal envolvendo Palocci, os recursos para essa compra sairam de um caixa virtual onde ele guardava dinheiro para o PT. As oitivas estão em andamento.

A defesa de Lula está solicitando acesso aos documentos da Petrobras desde outubro do ano passado. Com os documentos, julgam provar que não houve nenhum ato ilícito.

Há, inclusive um de autoria da Price confirmando que não reportou nenhum ilícito de Lula, nem levantou nada que pudesse identificar as falcatruas cometidas.

Questiona-se, inclusive, as acusações de sobre preço. Ora, toda obra tem seguro e contratos de financiamento. Se havia sobre preço, como nenhuma instituição identificou?

A disputa jurídica tem sido desigual.

A procuradoria tem acesso a toda a documentação da Petrobrás há três anos, sem contar o serviço de inteligência da Polícia Federal e a assistência luxuosa da NSA, FBI e Departamento de Justiça dos Estados Unidos.

A defesa, nenhum aceso. A Petrobras tornou-se assistente de acusação, não permitindo acesso a nenhuma ata societária.

Os advogados de Lula solicitaram perícia contábil e acesso às atas e documentos que entendem serem capazes de refutar integralmente as teses da acusação.

O juiz Sérgio Moro negou, alegando simplesmente que não tinha relevância.

Os advogados recorreram ao STJ (Superior Tribunal de Justiça) que também indeferiu a prova pericial, alegando que seria muito alto o custo de xerocar todos os documentos.

Os advogados reforçaram o pedido e sugeriram consultar in loco os documentos e só xerocar os que fossem necessários, às suas próprias custas.

O tribunal concedeu. Inicialmente, o diretor jurídico da Petrobras concordou. Depois, voltou atrás. Alegou que a entrada de advogados causaria constrangimento aos funcionários da Petrobras. Depois, alegou sigilo estratégico.

Os advogados peticionaram a Moro, mas até agora não obtiveram nenhuma resposta.

Caso 3 – a obstrução da Justiça

Esse processo nasceu da delação do ex-senador Delcídio do Amaral, que descreveu – sem provas – um diálogo travado com Lula no qual ele supostamente teria manifestado interesse em calar Nestor Cerveró, um dos diretores-chave do esquema de corrupção.

Posteriormente, o próprio Cerveró declarou que apenas Delcídio tinha interesse em calá-lo. Mais tarde, Delcídio voltou atrás e declarou que sobre por terceiros que Lula teria informações sobre os esquemas de corrupção.

Faltam ainda 40 dias para terminar as diligências desse processo.

Peça 6 – a conclusão dos processos

Recentemente, o juiz Sérgio Moro tentou exigir a presença de Lula em todos os depoimentos de testemunhas arroladas pela defesa. A intenção foi induzir a defesa a diminuir a quantidade de testemunhas, porque, por lei, ele não tem o poder de recusar testemunhas.

O TRF4 derrubou essa exigência.

Os próximos passos, então, serão acabar de ouvir as testemunhas. Em seguida, encerra-se a instrução e há as alegações finais da defesa e da procuradoria.

Finalmente, abre-se um prazo para o juiz dar sua sentença e o caso ser encaminhado ao tribunal superior.

Mas o capítulo mais relevante acontecerá na próxima semana, no julgamento da liminar pedindo a libertação do ex-Ministro Antônio Palocci.

Ali se verá se o STF (Supremo Tribunal Federal) irá seguir a lei ou se curvar ao clamor da turba, a que se manifesta nas ruas, nas redes sociais e nos veículos da Globo.

**Lide de Milton Alves - Artigo de Luís Nassif reproduzido no blog do autor.*

**Lubianka, famosa prisão política utilizada pelos serviços secretos Tcheka, GPU, NKVD e KGB dos governos da então URSS, localizada em pleno coração de Moscou em praça com mesmo nome.*

09/05/2017

Greca vai governar Curitiba no dia 03/5 ou deixará cidade nas mãos de Moro/PF/Abin?

É grande a expectativa na cidade em torno de que comportamento adotará o prefeito Rafael Greca no próximo dia 03/05, data marcada para o depoimento do ex-presidente Lula na sede da Polícia Federal. Convocado para depor pelo Juiz Sérgio Moro, a presença do ex-presidente Lula em Curitiba gerou intensa mobilização de movimentos sociais, de militantes em todo o país e de grupos nas redes sociais que preparam caravanas e manifestações na cidade. Greca agirá como "comandante-em-chefe-da cidade" ou vai abrir mão de suas prerrogativas para o juiz Sergio Moro/Polícia Federal/Abin?

A preocupação é real em todos os movimentos sociais e frentes de mobilização que preparam os atos de solidariedade ao ex-presidente Lula no dia 03 de maio em Curitiba. O deslocamento de milhares de pessoas, são esperadas mais de 50 mil, demandará toda uma logística de recepção e acolhimento. Além disso, a circulação livre dos manifestantes no trajeto da manifestação popular programada, que vai abarcar as áreas do Ahú, Centro Cívico e região central, vai precisar de organização e suporte público para garantir a tranquilidade no desenrolar das atividades.

Neste sentido, é fundamental a atuação da prefeitura da cidade para providenciar os pontos de concentração dos ônibus das caravanas, as ruas que serão interditadas, a alocação de banheiros químicos, tendas para serviços médicos, ambulâncias, entre outras medidas de fornecimento de infraestrutura pública.

Mas para além dos importantes aspectos logísticos, a presença de Lula desperta fortes paixões políticas tanto entre seus apoiadores como nos seus adversários. Portanto, uma ação diligente da prefeitura no acompanhamento e diálogo permanente com os organizadores das manifestações pró-Lula contribuirá para que tudo ocorra dentro da maior normalidade possível, evitando atropelos e mesmo a ação de grupos de provocadores fascistas.

Que o prefeito Greca, dono da chave da cidade, não deixe nas mãos de Sergio Moro e dos organismos de segurança, que, claro, atuarão no dia, porém não poderão conduzir o governo de Curitiba e as tratativas políticas com a equipe de Lula e com os organizadores da manifestação.

19/04/2017

Barreira humana na frente da residência de Lula para proteger ex-presidente dos 'beleguins' da Lava Jato

Um número crescente de militantes petistas e de simpatizante do ex-presidente Lula faz uma vigília e organizou uma verdadeira 'barreira humana' de proteção ao ex-presidente. O grupo passou a noite e a manhã de hoje (17) em frente ao edifício onde reside Lula com a família. Notícias e boatos de iminente prisão motivaram o movimento de solidariedade

Diante de notícias que correram neste final de semana pelas redes sociais e até mesmo pela imprensa tradicional, de que Lula poderia ser preso na manhã desta segunda-feira (17) ou nos primeiros dias da semana, um grupo de militantes e dirigentes sindicais reuniu-se diante do edifício onde o ex-presidente Lula mora, em São Bernardo, para uma vigília de "proteção" a ele.

Os primeiros militantes chegaram já na noite de domingo, por volta das 22h. A vigília prosseguiu até as 8 da manhã desta segunda. Havia aproximadamente 200 pessoas, que portavam cartazes contra a prisão de Lula, pelo "Fora Temer" e com bandeiras do PT.

A mobilização do PT e a denúncia das arbitrariedades contra Lula é fundamental para deter a escalada da 'Lava Jato' contra o ex-presidente e fundador do partido.

17/10/2016

Lava Jato: Moro dá prosseguimento à perseguição contra Lula

Ao aceitar a denúncia inepta da Força Tarefa da Lava Jato, o juiz Sergio Moro confirmou sua parcialidade, afirma nota em site oficial do ex-presidente

O site oficial do ex-presidente Luiz Inácio Lula da Silva publicou texto na noite desta terça-feira (20), onde manifesta indignação em relação à atuação do juiz Sergio Moro, ao aceitar denúncia do Ministério Público Federal (MPF) sem consistência jurídica.

A denúncia usa trechos de delações que não foram aceitas, e foi bastante criticado por juristas pela falta de provas e pela espetacularização do processo. Além de incluir em sua argumentação delação rejeitada pela Justiça, promotores também decidiram ignorar depoimento que inocenta Lula.

Veja abaixo na íntegra o texto publicado no site lula.com.br:

"Ao aceitar a denúncia inepta da Força Tarefa da Lava Jato contra o ex-presidente Lula, o juiz Sergio Moro confirmou sua parcialidade em relação a Lula, que já foi denunciada ao Supremo Tribunal Federal e à Corte Internacional de Direito da ONU. Moro simplesmente deu prosseguimento ao espetáculo de perseguição política iniciado pelos procuradores semana passada.

O mundo jurídico brasileiro sabe que a denúncia da Força Tarefa tem caráter eminentemente político, sendo o resultado de uma série de arbitrariedades e violações de direitos – como a condução ilegal de Lula para prestar depoimento, a violação e divulgação de telefonemas do ex-presidente e até de seus advogados, a invasão de sua casa, das casas de seus filhos e de diretores do Instituto Lula.

Após dois anos de investigações, envolvendo 300 agentes do Ministério Público, da Polícia Federal e da Receita Federal, nada foi encontrado para relacionar Lula aos desvios na Petrobrás. Nenhuma conta secreta, no Brasil ou no exterior; nenhuma empresa de fachada; nenhum pagamento ilegal, direto ou indireto.

Tudo o que restou à Força Tarefa foram hipóteses e "convicções" em torno de um imóvel que não é e nunca foi de Lula, além do custeio da armazenagem do acervo de documentos reunidos em seu período de governo. Sobre essa base inconsistente foi apresentada uma denúncia inverossímil e insustentável no Direito Penal, acolhida por um julgador notoriamente faccioso em relação a Lula.

O povo brasileiro e a comunidade internacional sabem que Lula é vítima de perseguição, de uma verdadeira caçada judicial, largamente apoiada pela grande mídia brasileira, com objetivos políticos indisfarçáveis.

Uma perseguição que não poupa sequer dona Marisa Letícia.

O povo brasileiro e a comunidade internacional sabem que estamos diante de um processo de cartas marcadas, com o claro objetivo de excluir da vida política o maior líder popular e o melhor presidente da História do Brasil".

Campanha internacional

A Confederação Sindical Internacional (ITUC/CSI), que representa 180 milhões de trabalhadores sindicalizados de 162 países, lançou nesta terça-feira (20) a campanha internacional "Stand with Lula" ("Estamos com Lula").

Segundo a secretária-geral da ITUC/CSI, o objetivo é defender o ex-presidente de abusos judiciais no Brasil e denunciar os "poderosos interesses" que tentam impedir sua livre atuação política.

A campanha está sendo divulgada em Nova Iorque, simultaneamente à abertura da Assembleia Geral da ONU. Presentes no ato, alguns dos mais expressivos dirigentes sindicais dos Estados Unidos, advogados, juristas e defensores dos direitos humanos com atuação internacional, com participação do ex-presidente Lula através de videoconferência.

20/09/2016

Temer mais Dilma mais Lava Jato igual a impasse

O impasse continua, porém o governo golpista de Temer opera sua consolidação aplicando as medidas reclamadas pelo mercado. O "austericídio fiscal" iniciado por Dilma, com a dupla Levy-Barbosa, agora levado a ferro e fogo por Meirelles é o programa mínimo que unifica o campo golpista. No plano político, são remotas as chances de Dilma reaver a cadeira presidencial.

Até agora Dilma e o PT não acenaram com uma proposta mudancista em face de um retorno (cada vez mais distante). Portanto, é uma quimera acreditar numa reversão de votos no Senado, sem uma pujante pressão de massas nas ruas e com a perspectiva de uma nova rota na economia a favor do povo. O mesmo vale para os que acreditam no "salvacionismo direcionado" da Lava Jato. As classes dominantes já fizeram a aposta na continuidade do governo Temer.

Saída de Romero Jucá do ministério nesta semana foi a saída encontrada para salvaguardar o governo instável e vacilante de Temer. Governo golpista viveu uma semana de agonia, mas foi socorrido pelos "podres poderes", e segue blindado pelo *establishment*. Algumas chaves para uma leitura de desdobramentos da conjuntura

1. O *establishment* foi rápido e ordenou a saída de Romero Jucá (Planejamento) do ministério golpista de Temer, que perdeu um de seus "homens de ouro". A aposta do andar de cima, dos donos do dinheiro, é na continuidade do governo instável e vacilante do vampiro Temer. Eles precisam ganhar tempo e fôlego enquanto procuram um nome confiável, um "conductor" para 2018. Aécio já é carta fora do baralho.
2. O volta Dilma, o governo de conciliação tentado por ela e por Lula com a nomeação de Levy, segue descartado. Apesar de que alguns setores do *establishment* começam a duvidar da eficácia e dos custos do rápido descarte de Dilma do governo. Mas ruim com Temer pior sem ele, esse é o raciocínio do andar de cima.
3. Ao lado da execução do programa mínimo de Temer, sob o comando de Meirelles, com centro no ajuste regressivo da economia, ocorrerá um recrudescimento de uma ação mais repressiva e vigilante aos movimentos sociais e protestos populares, com a utilização em larga escala do aparelho judiciário e policial para conter a oposição de rua.
4. Fator Lava Jato: continuará o cerco sobre PT e Lula. O objetivo é continuar a pulverização de Lula, inviabilizando sua tentativa de candidatura em 2018. Ou seja, o PT apostar nessa única via é um

projeto de perspectivas nada animadoras. É preciso a roda girar sem dínamo do lulismo.

5. Fator saída popular: Até o momento a resistência é insuficiente para romper o ciclo conservador iniciado, sem a irrupção de amplo e vigoroso movimento de massas. Para a esquerda política e social, é seguir acumulando forças nas pequenas e grandes lutas, nas ruas e na institucionalidade
6. O Lulismo, e seus aparelhos, mostram imensa dificuldade de liderar uma nova emergência popular, sem autocrítica dos erros e um novo "aggiornamento" pela esquerda. Porém, no campo da esquerda e das forças populares, não surgiu ainda uma força política com condições de dirigir um novo projeto renovado da esquerda.
7. O sistema político e partidário entrou em profunda crise, implodiu, está desmilinguindo. Um novo arranjo, uma nova modelagem, só será possível com um amplo movimento de massas, uma rebelião da sociedade. Parlamentarismo, Constituinte, Eleições Gerais, poderão ser alternativas impostas conforme a correlação de forças e o grau de crise que o aparelho de estado vier a atingir em um dado momento.

27/05/2016

Onda golpista e Lava Jato jogam o país na incerteza

A gangorra de acontecimentos políticos dos últimos dias determina cautela para qualquer tipo de avaliação sobre o desfecho da crise política em curso. Porém, é possível identificar uma vigorosa reação dos setores democráticos da população e um certo cansaço do dispositivo golpista.

Chega a ser surpreendente a capacidade de resistência demonstrada pelo governo da presidente Dilma e do Partido dos Trabalhadores (PT) e aliados que, apesar de sitiados por uma operação policial e midiática sem precedentes na vida nacional, lutam para assegurar sua sobrevivência política.

Nos últimos dias, contando a partir de sexta-feira passada (18), dia das manifestações contra o golpe, o governo vem acumulando forças em duas frentes básicas: na arregimentação de apoio na sociedade civil e no Judiciário, principalmente com a decisão do ministro Teori Zavascki que retirou a jurisdição do juiz Sérgio Moro sobre as investigações referentes ao presidente Lula.

Além disso, a Lava Jato colecionou tropeços que geraram um amplo questionamento no meio jurídico, como a condução coercitiva de Lula e os vazamentos dos grampos ilegais, que incluíam até a presidente Dilma. Aliás, fatos que ainda serão objeto de exame do Conselho Nacional de Justiça (CNJ). De toda forma, houve um sensível desgaste do juiz Moro nos dois episódios.

É verdade que o governo Dilma sofreu um revés com o impedimento judicial da nomeação do ex-presidente Lula para a Casa Civil, um arranjo indispensável para garantir a costura de uma base parlamentar caótica e em franca deserção. Neste sentido, se concentra na frente parlamentar a maior debilidade do governo no momento. Aí o terreno é movediço e no próximo dia 29 de março a reunião do PMDB será um teste decisivo para medir as chances de recuperação ainda que parcial desse partido na condição de aliado para as batalhas vindouras contra o impeachment da presidente.

Um dado alentador para o governo, nesta semana, foram as manifestações de apoio de diversos e variados segmentos sociais contra a tentativa em curso de golpe jurídico-midiático, com a chancela de um processo de impeachment no Congresso, sem crime de responsabilidade tipificado. Um verdadeiro golpe de tipo paraguaio.

Listão da propina da Odebrecht

O aparecimento de uma lista de propinas sistemáticas da empresa Odebrecht para políticos de praticamente todas as legendas representadas no parlamento caiu com uma bomba incendiária no Congresso Nacional.

A lista atinge mais de 200 políticos, do alto e baixo clero, com os seus codinomes escatológicos – Aspirador, Viagra, Chaninha, Passivo, Caranguejo, entre outros – temos um escândalo de grandes proporções, que impactará em todo circuito político-parlamentar, colocando em xeque a legitimidade do parlamento para decidir, por exemplo, o impedimento da presidente Dilma.

Por sua vez, o listão da propina vai exigir da Operação Lava Jato um reposicionamento. Até agora era fácil a seleção do alvo: os petistas e empreiteiros vinculados às obras da Petrobrás. Com todos os líderes tucanos e da oposição na lista, ou seja, os aliados objetivos de Moro, a situação muda de figura.

Resta saber como a Operação Lava Jato vai se comportar a partir de agora. Outra consequência do listão, visível nos telejornais panfletários da Rede Globo, foi o tom de desalento dos apresentadores da emissora com a presença das lideranças oposicionistas na lista da propina. Também nas redes sociais nesta noite de quarta-feira(23), era geral o lamento e a indignação dos simpatizantes do movimento pró-impeachment com os chefes tucanos citados na lista.

Portanto, a semana da Páscoa apresenta até o momento um freio de arrumação no embate entre governo e oposição. Dilma e o PT reagiram e tratam de recuperar o terreno perdido; e a onda golpista da oposição perdeu fôlego, mas longe de derrotada.

- Atualização 15h: A Ordem dos Advogados do Brasil- OAB, nesta quinta-feira, anunciou o ingresso de um novo pedido de impeachment de Dilma.

- Nesta tarde ocorre em São Paulo, uma manifestação de movimentos de trabalhadores sem tetos, com início as 16h00, no largo da Batata, Pinheiros, zona oeste da capital. A concentração final do evento será na sede local da Rede Globo.

24/03/2016

AP 470 e a campanha de ódio contra Lula e o PT

Uma sistemática e permanente campanha contra o ex-presidente Lula e o Partido dos Trabalhadores (PT) prossegue na mídia monopolizada, nas redes sociais e até nas audiências da Corte Suprema (STF), via o julgamento da Ação Penal 470.

Trata-se de uma campanha virulenta, visando desmoralizar e trucidar politicamente uma organização partidária e seu líder. É um caso único de um partido governante assolado por uma onda de ataques sem precedentes.

O que chama atenção na recente campanha é o grau de ódio e preconceito despejado contra Lula e o PT. Na verdade, a direita e um setor da classe dominante pretendem realizar um ajuste de contas com a trajetória e o legado do partido. Além da tentativa de desconstrução política, o que se pretende é negar o papel de Lula e o Partido dos Trabalhadores nas transformações econômicas e sociais realizadas na última década no país. O que está em jogo é, precisamente, esta questão.

Os êxitos das políticas sociais de inclusão, a adoção de programas de distribuição de renda, o alargamento do mercado interno, o surgimento da chamada nova classe média, uma política externa soberana e ampla, a consolidação de práticas democráticas no governo, sem dúvida, foram os marcos de um modo de governo petista – que projetaram mundialmente o seu líder, o ex-presidente Lula.

Portanto, a campanha antipetista visa a médio prazo enfraquecer politicamente a legenda e, a longo prazo, negar o seu papel histórico nas mudanças em curso no país.

A campanha desenvolvida agrega, além dos componentes de ódio classista e do preconceito ideológico, um elemento de demonização do PT. Um arsenal patológico e doentio de calúnias, mentiras, e meias verdades é disparado contra dirigentes, militantes e aliados políticos do partido. Ou seja, trata-se de uma ação de caráter profundamente antidemocrático.

As experiências com os processos de lutas políticas e sociais no hemisfério ocidental já demonstraram fartamente o resultado de campanhas sistemáticas contra lideranças e organizações – que geralmente facilitam o caminho para regimes de força.

Nesse sentido, é fundamental a resposta organizada do partido: A mobilização militante e a solidariedade política dos setores identificados com o presidente Lula e o petismo. A opção transformadora do PT e o compromisso com os mais pobres sustentam o apoio social à legenda da estrela – apesar da campanha de ódio e desconstrução.

Este artigo foi publicado no meu blog pessoal em 23 de setembro de 2012, portanto, antes da famigerada Operação Lava Jato.

23/09/2012

Lava Jato, The End?

Esmael Morais*

Por volta de março de 2015, eu estava acompanhado do autor desta obra, Milton Alves, para uma caminhada no tradicional Parque Barigui. Era manhã de domingo, 10 horas, friozinho típico de Curitiba. A Prefeitura da cidade havia modificado o sentido de uma rua calma, sem movimento, induzindo-me a entrar na contramão por alguns metros. Minha velocidade era de apenas cinco quilômetros por hora, sem risco para ninguém. No entanto, para minha infelicidade, um ciclista subitamente gritou: "Tá na contramão! A Lava Jato vai te pegar!"

Nesse instante eu tive a certeza do tamanho e da onipresença da Operação Lava Jato, surgida dois anos antes, em 2014, cujos artifícies eram o então juiz Sergio Moro e o procurador Deltan Dallagnol. Nesse exato instante, eu comentei com Milton: 'o Brasil está sob ameaça dos neofascistas!'

Anabolizada pela velha mídia corporativa, até jornalistas experientes, de boa-fé, acreditavam que a força-tarefa da "República de

Curitiba" havia surgido com o intuito de "combater a corrupção" e "endireitar" o País. Como se comprovou em 2018, de fato ela conseguiu o propósito "endireitar" o Brasil, do ponto de vista ideológico, a um elevado custo econômico, social e democrático que ainda pode repercutir negativamente pelos próximos 30 anos.

A força do marketing deu a falsa impressão aos "ciclistas" de que chegara a sua vez contra petistas, progressistas e gente de esquerda. O empoderamento do inspetor de quarteirão também assustou nesse momento de divisão da sociedade e avanço das teses fascistas, que desumanizavam o "Inimigo do Estado" e o torna pária, enquanto os malandros de sempre, sob o falso argumento da luta contra a corrupção, dilapidavam o patrimônio público. Eles gritavam "pega ladrão" para continuar roubando a Petrobras, por exemplo, doada a fundos abutres sem que representasse uma melhora na vida das pessoas.

Caminhões trio-elétricos, daqueles que animam o Carnaval na Bahia, não se sabe com que dinheiro eram contratados, ficavam dia e noite circulando pelo Centro de Curitiba para pregar contra Dilma Rousseff, Lula e o PT. Era uma incrível lavagem cerebral. Materiais de campanha publicitária, caríssimos, como outdoors, faziam inveja às candidaturas mais ricas à Presidência da República. Tudo sem ter que prestar conta de um centavo sequer.

Embora a estatal de petróleo tenha sido ícone de uma cruzada da Lava Jato contra políticos do PT, e, principalmente contra Lula, os executivos que supostamente faziam as maracutaias não eram ligados ao partido ou ao ex-presidente, como se provou mais tarde.

Foi assim que a Lava Jato surgiu. Na contramão da legalidade, a meu ver.

Nos momentos que se seguiram, o mau jornalismo, acrítico, aderiu vergonhosamente ao lavajatismo e ao punitivismo –contra o Estado Democrático de Direito. O Blog do Esmael, do qual sou editor, recebia informações de que "paulistas" estavam acampados nas redações de Curitiba para escrever a manchete do dia seguinte –que seria seguida por todos os jornalões da velha mídia corporativa no País.

Enquanto isso, a Lava Jato avançava na suspensão de direitos fundamentais, previstos na Constituição, em nome da suposta cruzada contra a praga da corrupção. No entanto, sabia-se, os pés da força-tarefa eram de barro, não se sustentariam, bem como as condenações políticas e ideológicas proferidas pela 13ª Vara Federal de Curitiba.

A Operação Spoofing, da Polícia Federal, sustentada por mensagens trocadas entre procuradores e Moro, corroborou o que vínhamos escrevendo nos últimos sete anos sobre os crimes cometidos Lava Jato.

Comprovou-se um tribunal de exceção para acusar, julgar e condenar o ex-presidente Lula sem observação de lei alguma (ou talvez da Rússia, como se reportou jocosamente um procurador ao falar do Código de Processo Penal).

A Constituição Federal do Brasil proíbe um novo "Nuremberg" no inciso XXXVII do artigo 5º, onde expressamente se lê: "não haverá juízo ou tribunal de exceção".

Lava Jato, The End? Não, a história não chegou ao seu fim.

É importante para a sociedade não jogar essa história para debaixo do tapete como fez com a ditadura militar, sob pena desses crimes voltarem a ser cometidos contra direitos humanos fundamentais, a economia popular, direitos políticos individuais e o Estado Democrático de Direito.

Os envolvidos na Operação Lava Jato, se virarem réus e corréus, como pedem os órgãos judiciais, merecem todos os direitos que eles negaram às suas vítimas políticas e ideológicas, qual seja, direito a um juiz imparcial e à presunção da inocência até o trânsito em julgado da sentença.

**Esmael Morais é Jornalista e bacharel em Direito. Desde 2009 é autor do Blog do Esmael (www.esmaelmorais.com.br).*

De como tentamos enfrentar a Lava Jato ou o falso círculo de giz de Moro[1]

Pedro Carrano*

Lembro que, no ano de 2017, já estava consolidado o golpe de Estado contra o governo Dilma Rousseff e a perseguição da Operação Lava Jato contra o ex-presidente Lula ganhava corpo, após a condução coercitiva de 2016, a divulgação dos áudios por Moro quando Lula assumiria a Casa Civil, e os depoimentos em Curitiba sobre as acusações no caso do tríplex, para o qual seria condenado e preso em 2018, entre outros episódios.

Nas fileiras da esquerda, na condição em que atuávamos na Frente Brasil Popular, que convocava atos contrários à perseguição

[1] Referência à obra teatral do alemão Bertolt Brecht, "Círculo de Giz Caucasiano". Nela, o autor propõe o círculo de giz como referência de um tribunal onde o povo decide. A Lava Jato foi o contrário. Sob um forte discurso de combate à corrupção, o operativo contribuiu na queda das condições de vida da população.

contra Lula e outros quadros dirigentes do PT –; notávamos que a narrativa midiática favorável a Lava Jato não tinha contraponto. Eu tive a chance de acompanhar coletivas de imprensa. O que os promotores da Lava Jato dissessem naquele espaço era anotado como se fosse lei, não importa com que argumentos, em uma cena digna de O Processo, de Kafka.

E toda essa atmosfera insuflava um forte movimento envolvendo camadas da classe média e classe média alta. É fato que causando também profundo desgaste entre a classe trabalhadora na relação com o PT e com a esquerda no geral.

Diante dos acontecimentos desencadeados pelo operativo, os movimentos populares não conseguiam contrapor a narrativa oficial, a construção do mito de Sergio Moro, como se estivéssemos contra a parede, sem poder contextualizar o que acontecia, em meio a um tema tão sensível para a população como é o caso da corrupção.

Uma coisa sabíamos: a relação entre eleições e o mundo empresarial é um dado estrutural da vida política brasileira. Longe de uma realidade fundada pelo PT. O sistema político é elitista, distante, não representativo da maioria de nosso povo. Em 2014, a esquerda justamente denunciava essa relação íntima: um deputado federal era eleito somente se levantasse um montante superior ao milhão de reais. Nisso, se apresentavam com financiamento frações da burguesia interna brasileira: empreiteiras, serviço de coleta e limpeza, empresas estatais etc.

Propusemos então um Plebiscito Popular por uma Constituinte Exclusiva e Soberana do Sistema Político. As organizações do campo democrático e popular queriam:

a) apagar a herança da ditadura militar presente ainda hoje em nossa sociedade, vide por ex. o papel da polícia militar hoje;
b) garantir a inclusão de um sistema político no qual mulheres, indígenas, negros e negras,

trabalhadores, população LGBTQI+ tivessem representação no Legislativo;

c) romper o cerco contra o governo de Dilma Rousseff desde 2013. Dilma, naquele ano, havia sido corajosa e proposto a Constituinte no calor dos atos que tomavam as ruas.

No ano seguinte, 2014, os movimentos populares e sindicais arrancaram no suor 8 milhões de votos favoráveis à iniciativa. O primeiro discurso de Dilma após um segundo turno polarizado reforçou a bandeira, saída justa para mobilização popular e contra o golpe que se armava contra ela. Porém, o equívoco em recorrer ao ajuste fiscal, já no início de 2015, permitiu a ampliação do cerco e retirou a confiança de parte dos trabalhadores. Desde então, observamos um momento de defensiva da classe trabalhadora no Brasil, verificável na queda do número de greves e de mobilizações[2], ao passo que o golpismo avançava com seu programa de terceirizações, reforma trabalhista, reforma da previdência, PEC do teto dos gastos, entre outros cortes ao Trabalho em benefício do Capital.

Apresentamos, então, ao jornal Brasil de Fato a ideia de destacar um repórter, no início de 2018, para acompanhar as notícias, desvendar a estrutura e as consequências da Lava Jato na vida da população comum. Nisso, o competente repórter Daniel Giovanaz passou a abordar os impactos da operação no plano jurídico, constitucional, na economia brasileira e em nossa soberania. Recordo que, também à época, apenas os exímios jornalistas Luis Nassif e Paulo Moreira Leite já haviam denunciado que o operativo:

1 – Conduzia a Petrobras, principal empresa pública brasileira, para a imcompreensível política de "desinvestimento" e redução de ativos. Em um momento de crise em que precisávamos de

[2] https://www.brasildefatopr.com.br/2019/07/01/a-greve-geral-e-o-animo-dos-trabalhadores

ferramentas de indução da economia, a Lava Jato gerou desemprego[3], paralisou a Petrobras, sendo que Giovanaz trouxe o exemplo da Alemanha, país que soube combater casos de corrupção em empresas sem, contudo, parar suas atividades;

2 – Moro e Dallagnol tinham vínculos com os EUA, longe de qualquer teoria da conspiração, mas na percepção de como a Lava Jato se alinhava com um referencial estadunidense de Direito, no qual se limita o amplo direito à defesa;

3 – Giovanaz resgatou inclusive uma sentença anterior de Moro na qual foram presos gestores do Programa de Aquisição de Alimentos (PAA) no Paraná, sem provas consistentes, libertados mais tarde, prejudicando um programa que garantia mercado à agricultura familiar.

4 – Ramos dinâmicos da economia brasileira – e na América Latina também –, da agricultura à indústria, foram impactados pelo Operativo. Coincidência?

Penso comigo que a Lava Jato foi ferramenta eficaz para aquilo que o jornalista russo-estunidense Andrew Korybko definiu como "Guerras Híbridas", ainda que em estudo particular sobre o caso da Ucrânia e da Síria. O escritor descreve como o governo dos EUA, para desestabilizar governos não alinhados (progressistas, de esquerda ou não), lança mão de guerra não convencional + revolução colorida, o que significa: iniciativas midiáticas e de mobilização que fraturem a sociedade civil contra o governo de turno. Não foi exatamente isso

[3] "Sem dinheiro para concluir as encomendas, o estoque de empregos na indústria naval caiu 44% entre 2014 e 2016. E pode piorar. O Plano de Negócios e Gestão da Petrobras, referente ao período 2017-2021, prevê um investimento de 74,1 bilhões de dólares, quase 25% a menos do que o previsto no plano anterior", relata Giovanaz.

que a Lava Jato conseguiu? Fortalecer um golpe que não precisou de um só tanque nas ruas.

Outros analistas preferem a expressão "golpe de novo tipo" para descrever o que foi vivido em Honduras (2009), Paraguai (2012) e no Brasil de 2016, no sentido de um forte ativismo judicial=-parlamentar e midiático. Não me oponho. Certo é que a Lava Jato fortaleceu a prática do poder judiciário como ferramenta para atacar a esquerda e os trabalhadores.

Nossa geração acreditava que o Brasil de Lula e Dilma pedia pressão e reformas estruturais para mais avanços e conquistas. Porém, a Lava Jato levou o Brasil para o menos onde estamos.

*Pedro Carrano, jornalista, coordenador do Brasil de Fato Paraná, militante da União de Moradores/as e Trabalhadores/as (UMT), organização Consulta Popular e autor de seis livros, entre os quais "História da Comuna de Oaxaca" (Appris editorial, 2018).

Referências bibliográficas

Cartilha Plebiscito Constituinte, 2ª edição, 2014.

GIOVANAZ, Daniel. Dossiê Lava Jato, um ano de cobertura crítica. Outras Expressões, 2018.

KAFKA, Franz. O processo. Companhia das Letras, tradução de Modesto Carone, 1997.

KORYBKO, Andrew. Guerras Híbridas, das revoluções coloridas aos golpes. Expressão Popular, 2018.

LEITE, Paulo Moreira. Outra História da Lava-Jato. Uma investigação necessária que se transformou numa operação contra a democracia. Geração Editorial, novembro de 2015.

Crônica

De quando eu desliguei a chave do trator

Pedro Carrano*

Hoje eu resolvi falar com vocês depois de tantos anos.

Eu já sei que ninguém vai se lembrar mais e que os ditos quinze minutinhos de fama já foram também ignorados faz tempo. Não tem problema não.

Sim, sou eu mesmo, muito prazer, aquele tratorista que se recusou a passar com a máquina por cima dos barracos de umas dez famílias invadindo um terreno particular, ou ocupando, como vocês queiram chamar.

Começo dos anos 2000, ocupações bombando no campo, na cidade, e o meu gesto trouxe um monte de confusão para essa tal de opinião pública.

O Jornal Nacional deu destaque para a minha empatia, quando eu chorei do alto daquele tratorzão, desci e abracei o dono de uma das casas. Eu me emocionei sim. Eu não deixei aquilo continuar não. De jeito nenhum. Eu fiquei abraçado na frente da boca da máquina com aquela família e aquela imagem correu o mundo. O oficial de justiça me ameaçou e eu fui preso por não cumprir ordem judicial. Virei símbolo de alguma coisa, eu acho, pelo menos era o que diziam os que me reconheciam nas ruas. Diziam que a necessidade humana estava acima de tudo.

Só que, na sequência, tudo mudou. Os tais dos analistas dos jornais pensaram melhor e viram que o que eu fiz podia ser exemplo de alguma coisa que incomodava muito.

E passaram a dizer que o meu gesto parecia bonito, mas, na verdade, eu atropelei o direito à propriedade que está expresso na Constituição – e o que eu fiz dava margem para outras pessoas burlarem a letra abstrata da lei. Foi isso o que eu escutei do analista da rádio. O despejo tinha que ter sido executado, e ponto final. Eu, incompetente que sou, não cumpri com o meu trabalho e as minhas obrigações.

Tudo bem. Vida que seguiu. Não guardei mágoas. Eu. O cara do trator. O cara que não derrubou o barraco. O cara que chorou. Óbvio que a empresa terceirizada da prefeitura me fodeu e me mandou pra rua, você pensa o quê.

Agora eu estou aqui, querendo lançar o meu protesto. Olhando a mesma turma que disse que eu prejudicava a Constituição. Mas agora são os mesmos que dizem que tudo bem o Trump matar o general de outro país só da ideia da cabeça dele. Que o Lula devia ter continuado preso sem poder recorrer. Que o Moro fez certo em se articular com o Dallagnol e tratorar, opa, esse tal devido processo legal. Que tudo bem tirar na porrada aquele presidente índio dos bolivianos.

Os mesmos que agora querem despejar tantas famílias camponesas, só no Paraná já foram nove despejos forçados. Quais privilégios eles querem manter, afinal?

Mas o acusado de atropelar a Constituição fui eu. Justamente o cara que, olhando no fundo do olhinho daquela família trabalhadora, há uns anos, justamente eu que, você entende, desliguei a chave do trator.

Janeiro de 2020, crônica que será publicada no livro Dias Urgentes

**Pedro Carrano, jornalista, coordenador do Brasil de Fato Paraná, militante da União de Moradores/as e Trabalhadores/as (UMT), organização Consulta Popular e autor de seis livros, entre os quais "História da Comuna de Oaxaca" (Appris editorial, 2018).*

Conto

A um juiz desconhecido

Pedro Carrano*

A medida chegou pra todo mundo, mas a primeira a saber foi a Dora. Ainda na dúvida, ela bateu lá em casa e me entregou o documento que chegou pelo correio. Era um documento emitido por um juiz de uma cidade desconhecida, no estado em outra parte do país. Ao que parece, era longe. Depois percebemos que eu também recebi o documento na minha caixa de correio, assim como todo mundo na nossa cidade.

O texto foi claro. Mas não entendemos totalmente. De acordo com o que lemos, todas as casas do bairro passariam por um mandado de busca e apreensão. O objetivo do tal juiz era encontrar algum sinal do envolvimento de cada um de nós no entesouramento de moedas. Moedas novas para o ônibus. Moedas antigas que restaram de antigos planos cruzados. Moedas de economia do final do mês. Moedas de coleção. Ele não especificou. Algo assim. Não sabemos ao certo. Tudo se tornara suspeito de alguma coisa, que tampouco sabemos bem o quê.

Durante a busca, realizada já dentro de algumas casas, quem pronunciasse a palavra "desrespeito!" sobre o caso receberia um pequeno choque elétrico, seguido de exposição vexatória.

Nós nos apavoramos com a situação. Chegou o boato de que alguns chefes de família, antes mesmo da entrada dos agentes da justiça, já trataram de se delatar a si mesmos, confessar a culpa e até se castigar. Muitos se entregaram antes de a ordem do juiz chegar até a casa deles.

Revoltados com a situação, debatemos no bairro a chance de enviar uma carta ao juiz autor dos tais mandados. Redigimos o documento, falamos de nossas vidas e nossos filhos, do nosso orgulho e do nosso trabalho correto. Coisas assim. O problema não foi esse. O problema na real foi: mas, pra onde exatamente a gente deveria remeter essa carta? E pra quem, necessariamente, a gente deveria se reportar?

Publicado no site Terra Sem Males
https://www.terrasemmales.com.br/a-um-juiz-desconhecido/

**Pedro Carrano, jornalista, coordenador do Brasil de Fato Paraná, militante da União de Moradores/as e Trabalhadores/as (UMT), organização Consulta Popular e autor de seis livros, entre os quais "História da Comuna de Oaxaca" (Appris editorial, 2018).*

O preço do silêncio e da omissão

Roberto Elias Salomão*

Agora é fácil. Depois das revelações escandalosas sobre a ação criminosa do juiz Sérgio Moro e seus comparsas procuradores, primeiro pelo Intercept Brasil e agora até pelo STF (logo quem!), ficou fácil considerar a operação Lava Jato como aquilo que sempre foi: uma fraude, uma impostura deliberada para atacar Lula, o PT e demais organizações da classe trabalhadora, com o firme propósito de aprofundar as medidas de ajuste exigidas pelo mercado financeiro mundial. E o resultado está aí: Bolsonaro, os militares, Maia/Lyra, Alcolumbre/Pacheco... a lista é longa.

Embora muita gente boa tenha engolido a lorota da Lava Jato (e, antes dela, a AP-470, vulgo "mensalão"), concentro as considerações deste artigo no PT, por ser o meu partido e a maior e mais importante agremiação da esquerda brasileira, com uma raiz operária que ainda se faz sentir. E o fato é que o PT (ou, mais exatamente, suas direções) calou-se e foi omisso diante do ataque concentrado que sofreu desde 2005. Faço a necessária ressalva ao Diálogo e Ação

Petista, que integro e que, desde o início, entendeu e denunciou o significado desse golpe judiciário que desembocou no impeachment da presidenta Dilma, legitimamente eleita, na prisão de Lula e no impedimento de sua candidatura em 2018.

Poucos dias antes de morrer, em setembro de 2013, Luiz Gushiken, ex-presidente nacional do PT, recebeu alguns companheiros, como José Dirceu e José Genoíno. Também perseguido pela sanha de Joaquim Barbosa, Gushiken declarou: "A AP-470 é a maior ofensiva já desencadeada contra o PT".

Mas não é o que parecia. Durante anos, a postura da maioria dos dirigentes do PT foi a de se furtar a enfrentar a questão, recusar-se a defender os companheiros atacados, evitar as manifestações de solidariedade a estes e (em alguns casos, explicitamente) justificar os atos da AP-470 e da Lava Jato. Não foram poucas as vezes em que se ouviu de petistas que as vítimas eram os verdadeiros culpados. E não esqueçamos que o companheiro Delúbio Soares chegou a ser expulso do partido!

É o que poderíamos caracterizar como rendição ao discurso moralista, neo-udenista. Foi assim que se calou diante da apresentação de Joaquim Barbosa como "o menino pobre que salvou o Brasil" e do eudeusamento de Moro como o paladino maior da moralidade.

A ficha só começou a cair com o impeachment e os julgamentos fraudulentos de Lula, que culminaram em sua condenação e prisão. Mas será que caiu mesmo? Na campanha presidencial de 2018, com Lula na cadeia, o candidato do PT, Fernando Haddad, não chegou a afirmar que a Lava Jato tinha cometido alguns erros, mas não podia ser abandonada?

(Antes que digam que só critico o PT, faço o registro: o PSOL vangloriou-se de ser o único partido sem condenados pela Lava Jato e AP-470. Não sei como os companheiros encaram hoje este ufanismo)

Retomando: não, Haddad: a Lava Jato foi uma fraude do começo ao fim, foi uma armação deliberada, com o comprovado envolvimento do Departamento de Justiça dos EUA, com cobertura explícita do STF e apoio descarado da mídia, Congresso e grandes empresários. Se o PT não faz este balanço rigoroso, a luta pela restituição dos plenos direitos políticos de Lula (porque é disto que se trata) fica trôpega, politicamente míope. Por ter sido uma fraude, os julgamentos de Lula têm de ser anulados, sem mais. Simples assim.

Porém, não basta condenar a Lava Jato. Que Moro, Dallagnol e cúmplices agiram o tempo todo criminosamente e merecem ser julgados e condenados por seus atos, é ponto pacífico (espero que seja, mas, escaldado, me vem uma dúvida). O problema é que essa turma nunca teria chegado a produzir os estragos que produziu sem a conivência e apoio decidido do conjunto das instituições.

Apoiar-se no STF, que conjunturalmente se estranha com a Lava Jato, é um erro crasso. O STF foi cúmplice. Não precisamos desse tipo de bengala. Precisamos sim, é de desvendar todos os elementos do golpe que se estabeleceu no Brasil, e que continua em curso. Sem ilusões e, principalmente, sem ceder à tentação de, mais uma vez, conciliar com essas instituições.

**Roberto Elias Salomão é jornalista e integrante da Executiva do PT-Paraná.*

pólen soft 80 gr/m2
tipologia merriweather
impresso no outono de 2021